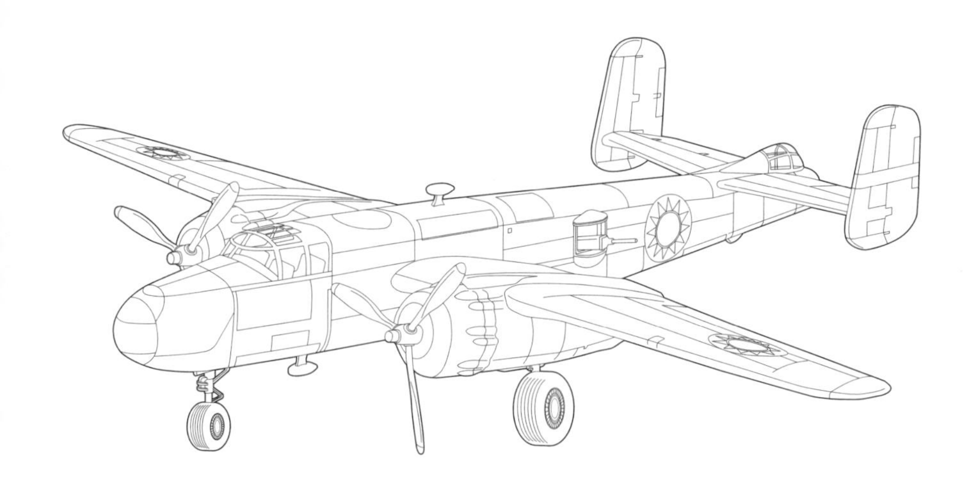

- Section III

第五大隊、第六大隊、第八大隊、第十一大隊

The 5th Group, the 6th Group, the 8th Group, and the 11th Group

目錄

第三冊　第五大隊、第六大隊、第八大隊、第十一大隊

第四冊　第十大隊、第二十大隊、第十二中隊及其他單位

編輯說明

「一年準備，二年反攻，三年掃蕩，五年成功。」

國共戰爭期間，國軍為什麼在 1949 年遭逢空前未有的挫敗，是許多人日以繼夜嘗試解答的問題，包括國軍高層自己。隨著中華民國政府遷設臺灣，國軍高層生聚教訓，等待反攻大陸的時機，眾人亦不免回眸過去的慘痛經歷。

我們從《蔣中正日記》當中，便可看到 1950 年代反攻計畫的擬訂與推動，除了在軍備上須做充足準備，亦須反省戡亂作戰期間的諸般作為。

因此，在 1957 年，政府當局曾組織較大規模的檢討工作，由全軍上下針對戡亂時期的作戰經過，撰寫個人心得報告，內容包括當時戰役的準備情形、發生經過、國軍與共軍的優缺點等，作為反攻計畫的參考。

這些心得報告，自高階將領至基層士官兵皆有，因為每個人所處的位置，所能觀察到的面向，與戰後的檢討，各有不同的價值。

本套書《空軍戡亂回憶錄》，以單位區分，呈現抗戰勝利，空軍飛行單位整編為八個大隊又一個中隊之後，空軍軍官的戡亂作戰情形。本冊收錄部分為任職於第五大隊、設立時間不長的第六大隊、第八大隊、第十一大隊等單位的空軍軍官回憶。

惟 1957 年距離作戰已過多年，人物、時間、地點、戰鬥過程等回憶難免有誤，同一場戰役的觀察結果也可能與他人不同，建議讀者仍可參酌其他史料、回憶錄，以取得對戰役的全盤瞭解。

第五大隊

● 鄭松亭

作戰時級職：空軍第五大隊少校一級大隊長
撰寫時級職：空軍第四聯隊上校副聯隊長

作戰地區：蘇北、鄂西、鄂北、延安一帶

作戰起訖日期：35 年 7 月至 36 年 9 月

蘇北鄂西等地區

（一）概述

抗戰勝利後，本人為空軍第五大隊大隊長，由芷江進駐南京，大隊下轄作戰中隊四個，飛機 F-51 75 架，其中 27 中隊駐青島，其他三個中隊曾移駐徐州、開封、運城、西安、漢口等地；作戰指揮上，除駐南京部隊由總部直接指揮外，其他則歸所在地軍區司令指揮。第五大隊歷史悠久，抗戰期間擔任任務超過全軍總任務之半，士氣高昂，忠貞不二，由戡亂開始至今，尚無一人變節投匪，本人先後任部隊長均張唐天上校。

（二）作戰前之狀況

共匪居心竊國，於抗戰期間藉機壯大力量，抗戰勝利後，復藉帝俄暴力佔據東北，接收日軍留下之裝備及財產，實力突然增長，國軍困於八年之戰亂，一般人皆有厭惡戰爭之心情，復因共匪之歪曲宣傳及國際政治家之短見，使國內外人士誤認其為一單純之土地改革者，而國民政府則為一貪汙無能之政治集團，故於作戰之前兵力相比我雖居優勢，而於政治作戰、心理作戰，則早屈居下風矣。

（三）我軍作戰指導

在戡亂期間（至舟山撤退止）共匪無空軍，我空軍之作戰佈署悉依陸軍作戰需要及機場分佈情況而定，作戰指導如下：

1. 加強陸空連絡俾及時有效予陸軍部隊以支援。
   A. 部隊增設通訊布板，並須熟練操作技術。
   B. 加強對空電台。
2. 嚴密監視匪軍行動。
3. 澈底打擊敵之集中部隊。
4. 攻擊敵據點及重要陣地。

（四）作戰經過

抗戰勝利後，卅五年初，共匪侵擾蘇北，威脅京都，本部隊協助第五軍向六合、天長一帶進剿，匪不支敗退，然其退路為洪澤湖，乘船逃避者多被擊沉，匪損失極大。如皋、鹽城地區之作戰為湯恩伯所指揮之李默庵部隊，士氣消沉，毫無戰鬥意志，我大隊雖盡力協助亦無濟於事。李匪先念竄擾鄂北、鄂西時，本大隊所屬第廿九中隊曾進駐武昌，協助陸軍進剿，於棗陽、老河口一帶斃匪甚眾。延安戰役，本大隊所屬第廿六中隊進駐運城，協同友軍攻擊延安，中國空軍有計劃之攻擊行動以此次規模為最大，所獲戰果亦豐，在匪向北敗退時受空軍之追擊，損失甚重。三十六年九月，劉匪伯誠竄擾大別山一帶，第廿六中隊再移駐漢口，協助友軍清剿，斃匪千餘名，馬百餘匹，並毀匪工事多處。第廿七中隊駐青島時間甚長，山東境內之作戰多為該中隊所擔任。

（五）戰鬥後狀況

初期作戰匪軍傷亡甚大，尤以蘇北天長一帶為最，以後匪軍善講求疏散隱蔽，並利用夜間行動，故捕抓不易，我大隊在此期間傷亡亦眾，中隊長被擊落者有三次，其傷亡比率不亞於對日作戰時。

（六）檢討

1. 勝利後對地方武力、偽軍等未加妥善處理，致為共匪所爭取，力量立即壯大。
2. 辦理接收人員貪污腐化，為非作歹，失去民心。
3. 共匪無恥宣傳騙取人民信任，我政府並無對策。
4. 黨政軍幹部不了解當時情勢，不認識敵人，妄自尊大，以謂共匪不足以為敵，及至稍遇挫折即驚惶失措，甚至畏匪怕匪而變節投匪。
5. 陸軍部隊之間，缺乏精誠團結，常圖保存實力而不解救友軍，以致被匪各個擊破。
6. 陸軍將領不了解空軍，又多依賴空軍，常謊報軍情以爭取空軍協助，故空軍難以得到合理的運用。
7. 空軍為滿足各戰區陸軍之慾望，常無意義的分割並浪費兵力。
8. 共匪除人員及簡單裝備外，無主要目標如工廠、補給站、倉庫等可資空軍攻擊，故空軍實在無用武之地。

9. 共匪多晝伏夜出，我陸軍又不積極行動，故難有集中或行動之大部匪軍可作空中攻擊目標。

根據以上檢討，我們對匪作戰之失敗，主要並非由於匪武力之強大，實由於各種錯誤所招致，今後反攻作戰情形當非往昔可比，匪有更強大之近代空軍，我陸軍將來作戰不僅可能得不到空軍之直接支援，而可能要忍受匪空軍無情之摧殘。今後我們要認清三軍聯合作戰乃各盡所能，打擊共同之敵人，以碎我之目的；並非一軍種受某軍種之扶持或協助，而由其自身完成作戰之任務也。

● 張唐天

作戰時級職：空軍第五大隊中校大隊長
撰寫時級職：空軍戰術管制聯隊上校聯隊長

作戰地區：徐州蚌埠地區

作戰起訖日期：37 年 11 月 12 日至 38 年 1 月 17 日

徐蚌會戰戰役詳歷及心得報告

一、概述

空軍第五大隊下轄第十七、廿六、廿七三個中隊，配備F-51式戰鬥轟炸機五十架、F-47 式戰鬥轟炸機二十五架，分駐於南京大校場及青島兩空軍基地，由唐天本人率領梁同生少校、唐漢中上尉、廖廣甲少校等三個中隊長參與是役，後於雙堆集之戰，唐漢中上尉壯烈殉國，繼以毋繩武上尉接充，亙全戰役本大隊均參與作戰。

二、作戰前之狀況

民國卅七年國軍東北失利，華北局勢逆轉，濟南亦以吳化文叛變而棄守，是以匪陳毅部之兵力與態勢，頓形有利，對我以徐州為核心之蘇、魯、豫、皖地區之國軍，有迫求決戰進而窺視首都之勢。益以匪劉伯承部由黃汎區南下，與匪陳賡部威脅我津浦路之西側，國軍為集中兵力準備在徐蚌地區與匪決戰，乃先後撤退隴海路東面沿線各零星據點之守備部隊向徐州集中，由是造成戡亂史上著名之碾莊、雙堆集、陳官莊等三地之激戰，終以受優勢匪軍所壓迫，雖經我陸空軍將士忠勇奮戰，亦不幸遭受挫敗，回憶往事，實應深加痛惜者。

三、我軍作戰指導

空軍為配合陸軍在徐蚌地區與匪決戰，以達成密接支援之目的，將全軍八又三分之一大隊兵力中之第一、第三、第五、第八、第十、第廿大隊及第十二中隊之全部兵力集中於南京及徐州，從作戰開始以迄終結，在上述碾莊、雙堆集、陳官莊等三地區日夜進行支援友軍作戰，其任務包括攻擊匪方補給線、炸射匪軍第一線部隊、空投補給品等工作，在作戰地區空中優勢完全由我掌握之下（按當時匪尚無空軍兵力），上項工作，進行極為順利。

四、作戰經過

本大隊以兩個中隊駐防南京，一個中隊駐防青島，從作戰開始，即以全力支援友軍作戰，先於碾莊支援黃百韜兵團之作戰，繼於雙堆集支援黃維兵團之作戰，最後於陳官莊支援杜聿明兵團之作戰。本大隊出擊任務最多者為支援友軍第一線部隊炸射匪軍兵員、空投總統手令等工作，幸賴全體將士之忠勇奮發，用能達成上級所賦予任務。此役除飛機消耗器材、彈藥消耗不及記憶外，我第十七中隊中隊長唐漢中上尉率隊於支援雙堆集作戰中，因低空炸射匪軍陣地，被匪地面砲火所擊中而壯烈殉國，緬懷忠烈，至足欽敬。

五、戰鬥後狀況

由於徐蚌會戰之失利，匪勢益形猖獗，進而竄渡長江，竊犯我首都，遂造成我戡亂史上最不利之態勢，本大隊此時奉命轉進上海，繼續於京滬路沿線及淞滬地區支援友軍作戰，隨保衛大上海之戰役終結，分別轉進定海及台灣。

六、檢討

國軍以數十萬精銳之地面部隊及優勢之空軍兵力，在我最高統帥蔣總統英明領導之下，實可於徐蚌地區一舉將匪擊滅，完成反共抗俄之神聖使命，然而終於遭致敗績者，是豈天不佑我，而實亦人為之不藏耶，爰舉數端藉資勗勉。

（一）匪軍軍事作戰方面

1. 匪軍攻擊精神及犧牲精神均極旺盛：在戰鬥過程中，雖在我空軍猛烈炸射之威下，亦能維持其士氣於不墜，此蓋由於其慘酷的戰鬥紀律所造成，實不足為奇。
2. 匪軍之蜘蛛網形工事及近迫作業頗有利對我核心陣地之攻擊：匪軍為避免受我空中攻擊之損害，於夜間由遠處向我核心陣地由四面八方挖掘出壕溝形成蜘蛛網狀態近迫我陣地，一方面減少公及損害，一方面使我方突圍時感受極大困難。
3. 匪軍長於夜間作戰：匪軍於白晝因受我空中之攻擊與監視，多伏居不動，迨至夜間使發動攻擊，儘量把握夜戰之利，發揮夜間戰鬥效能。
4. 機動與集中：當匪軍偵知我黃維兵團增援徐蚌地區時，即迅速集中所要之兵力，將黃兵團阻絕於雙堆集，使不能與陳官莊之杜兵團取得聯繫，此即匪軍慣用之圍點打援、以大吃小分割包圍各個擊破之戰法。
5. 匪軍後方勤務效率較高，雖在我空中密切監視之下，亦能維持其強大兵員之補給於不墜。

（二）匪軍政治作戰方面

1. 對我前後方軍民實施宣傳及心理作戰，打擊我方民心士氣，以造成其軍事進攻之有利態勢。
2. 利用戰區廣大民力於夜間挖掘戰壕，使匪之攻勢行動容易，且可避免我空中攻擊之損害。
3. 利用戰區廣大民力，為其擔任補給品之輸送，既可節省軍隊負擔，並使我空中偵察，亦不易辨別。
4. 封鎖戰場一切消息，加強通信保密使我對匪軍行動除空中偵察外，得不到任何有利情報。
5. 匪軍「以政治保衛軍事」之策略作得相當澈底，即在軍事上已攻佔之地區，即交由政工人員加以鞏固，不浪費軍隊為維持後方秩序之用。

（三）我軍優點缺點

1. 優點方面

（1）最高統帥之決心正確，選擇有利的戰場與匪決戰，以徐蚌地區地形而言，實為高度發揮陸空統合戰力及裝甲部隊運動之理想戰場。

（2）絕對的空中優勢，密切之空中支援，在空軍立場上言之，大陸戡亂作戰實有絕對勝利之把握。

（3）地面部隊裝備優良，坦克大砲等輕重武器具備，在有形戰力上實已超過共匪若干倍。

（4）黃百韜將軍於碾莊之戰中壯烈殉國，從容自我成仁取義，正義凜然，實足含敵膽而勵士氣，為剿匪史上寫成光榮燦爛之一頁。

2. 缺點方面

（1）地面部隊在戰略上戰術上均取守勢，指揮官缺乏主動攻擊精神，處處陷於被動挨打之地位。

（2）地面部隊缺乏互助合作之精神，高級將領多昧於：「為將在以救大局識大體為主」之大義，如黃百韜兵團被圍碾莊，而邱清泉所部救援不力，致被各個擊破。

（3）地面部隊缺乏夜間作戰能力，致在夜間我空軍活動減弱之際，常為匪所乘。

（4）地面部隊不能維持主要補給線（如津浦鐵路線），僅依賴有限之空中補給，不能適應大軍之需要，如陳官莊最後陣地縮小，空投補給失敗，部隊食糧缺乏陷於絕境。

（5）地面部隊未能堅守陣地至最後五分鐘，以待匪軍攻勢極限（攻勢終末線）到來——以陳官莊之戰言之，匪軍攻勢極限即將到來——轉移攻勢獲致最後勝利。

（6）我陸軍高級將領，估計空軍威力過高，形成依賴空軍心理，致處處失卻單獨作戰之精神與自信。

（7）空軍兵力運用未能注意攻擊匪方補給線，常將大部兵力用於攻擊第一線散兵壕之匪軍，效果甚微。

（8）空軍使用攻擊武器，未依目標性質而選擇，如用兩千磅炸彈以攻擊第一線陣地，甚鮮效果。

（9）空軍夜間攻擊能力甚低，致於地面部隊夜間戰鬥時，不能作有效之支援。

（10）誇大戰果：空軍為博取友軍及統帥部之歡心，常誇大戰果，如：「這一顆兩千磅炸彈下去某某整個村莊或某某整個區域之匪軍全被摧毀」，或於空中偵察發現匪軍時以少報多等，影響統帥部之判斷及決心甚大。

（四）經驗教訓

1. 戰術空軍之運用，必須依照原則及任務之優先次序，如制空權已在我方，則應先攻擊匪方補給線，然後再及密切支援之作戰。
2. 陸空協同作戰，陸軍必須就空中攻擊已獲得之成果，適時加以擴張，否則空中攻擊，將無任何價值可言。
3. 地面部隊不能專靠空中補給，必須開闢地面補給線，以免在空中補給不繼時，而陷部隊於危殆。
4. 總統有言：「冒險赴援為指揮人格之具體表現」，我高級將領對於被圍之友軍，必須不顧一切犧牲，勇往馳援，切忌存著「保存實力」之陳腐觀念，致遭匪各個擊破。
5. 即便在守勢作戰時，亦應以攻勢手段達成之，切忌完全處於被動地位，致失卻局部殲滅匪軍之好機會。
6. 地面部隊必須有即無空軍支援亦有戰勝共匪之信心，切忌依賴等待，而喪失主動殲匪之機。
7. 克勞塞維茨：「必須以絕對優勢兵力進行會戰，用兵越多損害越小」，共匪可謂已得其妙用，如此次碾莊之圍、雙堆集之圍、陳官莊之圍均係集中優勢兵力實施全包圍之實例，國軍反攻大陸時必須採用此種戰法，以大吃小局部殲滅，以其人之道還諸其人。
8. 政治密切配合軍事，切實動員民眾，加強對匪心理作戰，鞏固民心提高士氣，並確認技術為戰鬥之基礎，戰術為戰略之基礎，而革命精神與攻擊精神又為一切之總基礎也。

（五）改進意見

1. 建立我三軍間生存與共、利害與共之精神，與戰鬥間相互救援之美德，澈底發揮三軍協同與諸兵種聯合作戰之威力。
2. 建立攻勢主義之戰術思想，在戰略上做到以一當十、以小吃大，戰術上做到以十當一、以大吃小，技術上做到以一當百、以精吃粗；澈底發揮主動攻擊精神，高度機動，分割匪軍集中局部優勢，予匪各個擊破，以其逐次殲滅匪軍之有生力量，爭取戰力對比之變化，最後完全擊滅匪軍。
3. 建立方面指揮官獨斷專行與當機立斷之果敢精神，使能適應戰機，力戒由統帥部干涉細節或作不合理之遙控。

● 項世端
作戰時級職：空軍第五大隊少校三級副大隊長
撰寫時級職：空軍總司令部督察室上校副組長

作戰地區：濟南、青島、徐州

作戰起訖日期：36 年 1 月至 6 月

戡亂－山東戰役

一、概述

政府對於共匪素以寬大為懷，不追以往，冀其幡然悔悟，自三十五年一月三十一日政治協商會議閉幕後，商談仍時斷時續，而終以共匪之毫無誠意，叛亂日益擴大，乃於三十六年七月七日，頒佈戡亂總動員令。

飛行部隊，除第八大隊、空運部隊及十二中隊由空軍總司令部直接指揮外，其餘各部隊則適切配置於五個空軍軍區司令部及指揮所之下，而由總司令部做全盤之調度。

本部隊（空軍第五大隊）配屬第四軍區司令部，駐南京（缺廿七中隊），二十七中隊駐青島，作戰開始後，十七中隊之一部進駐徐州，後隨戰事轉移，移駐濟南，先後配置於徐州、濟南指揮所，戰役結束後，移駐開封，不久歸還建制，回南京整備。

二、作戰前之狀況

本部隊於抗戰末期，原駐芷江，因戰績優異而調駐南京，裝備齊全，人員作戰經驗豐富，士氣旺盛，戰力特強，當時匪無空軍，更能充分發揮其攻擊力量，獲得陸空協同作戰最大之成果。

三、我軍作戰指導

出動部署，由軍區司令或指揮所及部隊適時做適切之行動。

四、作戰經過

三十六年一月一日，匪軍第三團基幹及縣大隊圍攻魯西重鎮聊城，我守軍在空軍掩護下安全撤至濟南，聊城遂陷敵手。至二十七日匪陳毅部第一至八個師與新編一、六、七、十，四個師竄據隴海線東段東海、新安鎮及台兒莊之線以北地區，匪劉伯誠部一、二、三、六、七縱隊竄據單縣以北地區，合力進窺徐州。此時膠濟線以南萊蕪附近之匪第四、九縱隊主力向南竄，為徐州外圍之匪增援，濟南外圍之匪亦為牽制我兵力，均先後向我守軍進攻，三十日攻陷我濟南西北要點魏寨，膠東之匪企圖威脅我軍，在膠東發生激戰。

我空軍為支援徐州及鄭州兩綏署兵力北上，摧毀陳、劉二匪圍攻徐州之企圖，派本部隊駐青島之廿七中隊及三大隊之廿八中隊，對膠濟線及隴海東段間匪補給及重要據點猛烈攻擊，與我第一線部隊協同作戰，並對日照、莒縣、沂水及海岸線、濟南、臨清、泰安、萊蕪及膠濟線以北匪之行動，嚴密監視和攻擊。

一月二十九日徐州外圍之匪經我機猛烈之炸射及守軍之反擊，而我軍第十二軍及四十六師南下至新泰，陳匪所部乃向費縣、泗水、曲阜、東阿之線撤退，劉匪亦退竄黃河南岸之鄆城一帶，企圖偷渡黃河北竄。三十及三十一日，我機在新泰及蒙陰附近發現大批匪軍及輜重部隊，均經我機猛烈炸射，死傷甚多。二月二日，我十二軍向南克復萊蕪，六日其後衛被匪包圍，經我機猛烈炸射後，匪乃退去。七日我機掩護南下之四十六師攻佔顏莊及其附近之匪。九日攻佔新泰，北上追剿兵團亦進抵郯城以北二十公里之處。十四日我機在泗水及蒙陰附近發現匪軍及車馬甚多，經連續炸射，斃匪人馬及車輛甚多，同日我北上兵團先頭部隊克復臨沂，十七日我空軍以全力對黃河沿岸匪軍渡口之船隻予以摧毀。

徐州外圍之匪，因遭我陸空之協擊，受傷甚重，撤退至膠濟線以南山地，一面整補，一面對我新泰、萊蕪、吐絲口、博山各據點形成包圍形勢。二十二日匪陷吐絲口並進攻萊蕪，二十三日在我機掩護下守軍撤離萊蕪，並阻擊匪軍，此一猛烈之炸射，斃傷匪約九千餘人，戰果輝煌。次日博山亦進入巷戰，魯境匪眾又乘機蠢動，東北之匪復由大連運至煙台登陸，分別威脅我濟南、濰縣及青島，我軍亦分別在該三地集中。至二十五日，周村、鄒平、長山、張店、淄川、博山、萊蕪等地均陷入匪手，龍口車站亦被匪破壞。

三月十一日，我由徐州北上兵團先後收復臨沂、曲阜及寧陽，並控制大汶口、東平、肥城、泗水等地，對魯中沂蒙山區之匪形成包圍，匪主力除一部固守泰安外，大部均被迫退入沂蒙山區，劉伯誠匪部則退竄冀南及豫北一帶。十三日我北上之魯西兵團之八十五師克復鄆城，二十二日進駐汶上，臨兗兵團由臨沂向北推進，渡過汶河先頭到達安駕莊附近。二十七日克泗水，膠濟兵團南下，亦由長青抵達歸德附近，分別追剿匪軍。

四月二日我軍克復泰安及界首，五日我機在博山東南發現匪軍萬餘，經連續炸射，斃匪甚多，又我機為支援友軍作戰，連日對沂蒙山區不斷出擊，阻止匪軍之運輸補給及由膠東北面海路增援與撤退之匪軍。十九日匪向我泰安猛攻，苦戰至二十六日，我軍終因眾寡懸殊，在空軍全力掩護下撤離。二十七日肥城失守，二十八日寧陽亦陷匪，我沿津浦線北上之兵團亦感到威脅。

五月一日，我收復新泰，並向萊蕪推進，相繼收復寧陽及泰安，匪向東潰退，我軍遂由四面向沂蒙山區之匪主力發動包圍攻勢。八日我北上兵團先頭收復新泰東北之北師店，南下兵團已到達大小桃園向平陰推進。十日我南北兩兵團分別收復萊蕪、肥城、平陰，繼續推進，淄川、博山、臨朐、安邱、沂水、莒縣諸城我匪均發生激戰。十一日我北上兵團收復吐絲口，匪越膠濟線由張店渡過黃河北岸，我空軍連日尾追至黃河渡口一帶不斷投彈。十四日我六十四師在坦埠附近被匪圍攻，作戰英勇，大部壯烈犧牲。六月九日匪部自青城渡過黃河北竄。

本役我空軍為協同作戰出動 P-51 機一月份七四架次，二月份四五八架次，三月份一七一架次，四月份一六七架次，五月份二三七架次，六月份八一架次，共計一一八八架次，出動 B-25 機二月份三三架次，四月份一二架次，五月份八架次，共計五三架次。

五、檢討

此次戰役，僅可達成掃蕩之目的，但匪軍大部渡過黃河北竄，及部分化整為零，進入山區，未能消滅匪軍之主力，達成全勝之目的。茲將記憶所及，檢討原因如下。

（一）優點

1. 我飛行人員，均在抗戰期間，富有作戰經驗，裝備良好，士氣高昂，發揮武器之最大威力。
2. 可獲得空中優勢，使友軍作戰容易。
3. 賴空中之搜索，可獲得最迅速而確實之情報，及傳遞友軍之重命令，適時作適切之處置，減少友軍之危害。
4. 陸空連絡密切，將前方情況，迅速傳至高級司令部及給予我機指示攻擊目標，戰果輝煌。

5. 阻擾或截擊匪軍之補給線或增援部隊，達成孤立戰場之目的，使我軍行動便利。
6. 利用轟炸及掃射等手段，壓制匪軍第一線之火力，削弱匪之抵抗力，而使我友軍戰果得以順利擴張。
7. 阻擾與監視匪軍之退卻，引導友軍作正確而果敢之追擊。
8. 增高友軍之士氣。

（二）缺點

1. 匪軍畏我空軍之威力，當我機空襲時，即竄入山地或樹林中掩蔽，發現困難，故其作戰多採取夜間行動，我機無法作夜間之攻擊。
2. 我機時常忽視匪之地面砲火，攻擊高度不講求，致時有傷亡。
3. 陸軍部隊對空軍認識不清，匪軍裝備較我軍低劣，而陸軍每一戰事發生，必要求空中支援，一若無空軍即不能作，養成依賴空軍之心理。
4. 地面部隊不能乘機擴張空軍已得之成果，當空軍飛臨助戰時，我地面部隊往往不能適時出擊，致空軍兵力消耗過多，而不能獲得預期之成果。
5. 對付匪之人海戰術，我機缺少重磅炸彈之空炸信管，致未能收最大之殺傷效果（如抗日時使 500 磅炸彈空炸）。
6. 半年來匪軍以避實擊虛、以大吃小之戰術，使我部隊疲於奔命，可說徒勞無功，失敗多而成功少。

● 項世端

作戰時級職：空軍第五大隊少校三級副大隊長
撰寫時級職：空軍總司令部督察室上校副組長

作戰地區：蘇北、豫東、魯南

作戰起訖日期：34 年 9 月至 37 年 8 月

戡亂－天長、盱眙諸戰役

一、概述

民國三十四年九月日本宣佈投降，八日我奉命率 P-51 八架，護送何應欽將軍赴南京受降，共匪此時已在大肆活動，數日後我即奉派率機前往徐州、台兒莊一帶偵察匪情。及後匪更形猖獗，開始破壞交通，公開叛亂，我又奉命率機八架，對徐州北部破壞鐵路之匪軍炸射，揭開空軍戡亂作戰之序幕。

共匪利用和談機會，談談打打，打打談談，外交影響內政，政治影響軍事，戰事時斷時續，但我空軍均保持作戰狀態，經常支援友軍及偵察匪情任務，以南京、青島、徐州、濟南、開封、漢口等為基地，在本轄區內，幾乎無役不從。直至三十七年八月，奉調離隊，在此期間，有關作戰資料，在撤出大陸時，已遺失一空，無所依據。

二、檢討

因隔過久，詳情無法追憶，僅就記憶所及，所得之經驗與教訓，概述如下。

（一）本部隊於抗戰末期配有最新之裝備，挾戰勝之餘威，士氣高昂，作戰經驗豐富，真所謂兵強馬壯，且無對空之顧慮，發揚空軍最大而有效之威力。

（二）對匪作戰，與抗日作戰有一最顯著之區別，乃為抗日時敵人均佔據點與線，故攻擊易收效果；對匪作戰，情況適為相反，我軍僅保有點與線之區域，而共匪佔的是面，故空軍攻擊難收預期之效果，除於攻擊時，集中合力，利用其人海戰術，則我機攻擊能收效外，平時化整為零，匪民不分，雖空軍偵察亦難發現其主力之所在。

（三）空中優勢，全操我空軍手中，故共匪對空掩蔽極為嚴密，其運用之戰法，恆避免白天，大多採用夜間戰鬥，乘我夜間進入營地，空軍無法活動成為靜止狀態時，開始攻擊行動或流竄，以達成其目的，其偽裝確實，行動迅速，企圖祕密，計劃周詳，緊密協調，習於夜戰，是其長處。

（四）一般不研究匪情，不了解匪情，由輕匪而畏匪，精神先已崩潰，氣節蕩然，革命紀律廢弛，一遇攻擊，不能發揮自身之戰力，仰賴空軍支援，致使空軍兵力分散。

（五）陸軍協同作戰亦不理想，匪之攻勢，多發於夜間空軍無法活動，白晝空軍協同作戰時，陸軍又未能適時反擊，等於白天由空軍守衛，入夜則任由匪來攻擊，終致彈盡糧絕，守以待斃。

（六）國軍部隊雖然裝備優良，但部隊間各自為政，樹立派系，互不為謀，各不策應，甚且紛歧摩擦，互相抵銷，部隊與部隊間，毫無協同，互不聯絡，無法發揮聯合作戰之功能，致遭匪軍各個擊破。

（七）過去在情報素養與習性上缺乏訓練，以致於戰時誇大敵情，傳遞遲緩，使情報失卻時效，且不切要，情報來源，多仰賴於我機之偵察。

（八）後勤制度不健全沒良好之作業程序，影響支援作戰之效能，一旦被圍，即要求空投彈藥糧秣，如此不但影響空軍之戰力，而效果亦小。

（九）除空軍派遣之陸軍電台外，部隊通信裝備簡陋陳舊，故在千鈞一髮之際，無法相互支援，足以影響作戰之成敗。

（十）每次戰役，空軍均全力支援，但均由於陸空協調不如理想，未能獲理想之戰果。

● 任肇基

作戰時級職：空軍第五大隊空軍少校副大隊長
撰寫時級職：空軍軍官學校教育處上校一級處長

作戰地區：錦州

作戰起訖日期：37 年 10 月 1 日至 23 日

錦州會戰

一、作戰前之狀況

民國卅七年匪據開封，空軍奉命轟炸，引起當時國大代表反對，政府威信盡失，迨開封失守後，濟南亦淪匪手，東北告急，華北情勢亦趨緊張，此時匪調集十餘縱隊圍攻錦州。

二、我軍作戰指導

我陸軍駐守東北部隊除鄭洞國所屬新軍，全部叛變，廖耀湘所屬部隊亦被匪圍困失援，錦州守軍僅范漢傑所屬部隊而已，當時空軍作戰計劃乃以駐華北空軍全力及華南兵力一部密切支援，各部隊集結北平南苑機場。

三、作戰經過

自民國卅七年十月一日至廿三日，匪調集重砲約八百餘門數次圍攻衝入城內，守軍壯烈抵抗，空軍盡全力支援，在匪並無空軍出現之情況下，錦州宣告失守，范將軍被俘，國軍失去一員大將。

四、檢討

在匪無空軍支援之情況下，我軍之失敗乃在不明敵情，不知匪戰法，處處被動，守點守線，昧於空軍之支援，只求短時對敵火力之制壓，並不配合發動攻勢或逆襲。

● 任肇基
作戰時級職：空軍第五大隊空軍少校副大隊長
撰寫時級職：空軍軍官學校教育處上校一級處長

作戰地區：徐州、蚌埠

作戰起訖日期：37 年 11 月至 38 年 2 月 1 日

徐蚌會戰

一、作戰前之狀況

自錦州失陷，北平傅逆作義叛變，匪主力南下，先於徐州迤東碾莊圩敗我黃伯韜所部，再次迫近徐州，我大軍準備縮短戰線，據守淮河，本守江必守淮之原則開始行動。

二、作戰計劃

空軍以全力支援陸軍於徐州週邊地區拒止匪軍竄擾徐蚌地區，除以進駐徐州之部隊密切支援我陸軍第一線部隊作戰外，更以轟炸及戰鬥部隊對匪後部隊交通等澈底破壞阻止其行動。

三、作戰經過

卅七年十一月匪於徐州迤東碾莊圩集結劉伯誠所屬各縱隊包圍我黃伯韜兵團，經兩旬激戰，彈盡援絕而敗，匪繼西進越徐州經蕭縣與我南進大軍相持永城、青龍集週邊地區，空軍幾以全力晝夜支援，卒未挽回頹勢，廿萬大軍乃趨潰散，匪軍渡淮渡江，此為大陸變色轉捩點。

四、檢討

匪軍不但處於主動地位，並採取夜戰及利用惡劣天氣襲擊我陸軍，空軍夜間及惡劣天氣情況之下作戰困難，以致不能協同陸軍夜間作戰。

● 黎良
作戰時級職：空軍第五大隊作戰課少校課長
撰寫時級職：空軍第四聯隊政治部上校主任

作戰地區：湖北、江西、安徽、山東、江蘇、浙江、福建一帶
作戰起訖日期：35 年 7 月至 39 年 6 月

（一）概述

抗戰勝利後，本人在空軍第五大隊，初為作戰參謀主任，改制後，即擔任作戰課長，勝利後不久大隊即由四個中隊編為三個中隊，經常一個中隊駐南京，一個中隊駐青島，一個中隊駐漢口，偶爾抽調部隊，增防北平、西安、濟南、開封、運城、蚌埠等地，編制飛機為 F-51 75 架，但因補充問題經常難以足額，大陸撤退時先後又駐防上海、舟山、海南島等地，到台灣後即駐桃園，飛機改為 F-47。第五大隊歷史悠久，抗日期間所負任務極甚繁重，部隊戰志堅強，士氣高昂，由戡亂開始迄今，無一人投匪變節，大隊長先為鄭松亭，後為張唐天。

（二）作戰前之狀況

共匪居心賣國，於抗戰期間藉機壯大力量，抗戰勝後藉帝俄之支持，侵佔東北，接收日軍留下裝備及財產，實力從此增長，國軍困於八載之戰禍，人人皆有厭惡戰爭之心情，復因共匪之歪曲宣傳及國際政治家不明共匪陰謀措施，致使國內外人士誤認匪黨為一單純之土地改革者，而認我中央政府則為貪汙無能之政治集團，故於作戰之前兵力相比，我雖佔優勢，而於政治、經濟、外交及心理戰方面，則早屈居下風矣。

（三）我軍作戰指導

在戡亂期間（至舟山撤退止）共匪無空軍，我空軍之作戰佈署悉依陸軍作戰需要及機場分佈情況而定，作戰指導如下：

1. 初期全力支援陸軍；
2. 繼即執行封鎖任務協助陸海軍作戰；
3. 澈底打擊敵人之集中部隊；
4. 攻擊敵人據點及重要陣地。

（四）作戰經過

抗戰勝利後，卅五年初，共匪侵擾蘇北威脅京畿，本隊協助第五軍向六合、天長一帶進剿，匪徒不支敗退，然其退路為洪澤湖，乘船逃避者多被擊沉，匪損失慘重。如皋、鹽城地區之作戰為湯恩伯所指揮之李默庵部隊，士氣消沉，無戰鬥意志，我大隊雖盡力協助亦無濟於事。李匪先念，竄擾鄂北、鄂西時我們大隊所屬第廿九中隊，曾進駐武昌，協助陸軍進剿，於棗陽、老河口一帶，斃匪甚眾。延安戰役，本大隊所屬第廿六中隊進駐運城，協同友軍攻擊延安，中國空軍有計劃之攻擊行動以此次規模為最大，所獲戰果亦豐，在匪向北敗退時受空軍之追擊損失甚重。卅六年九月劉匪伯誠竄擾大別山一帶，第廿六中隊再移駐漢口，協助友軍清剿，斃匪千餘，馬匹百餘，並毀壞匪工事多處。第廿七中隊駐青島時間甚長，山東境內之作戰多為該中隊所擔任。

（五）戰鬥後狀況

初期作戰匪軍傷亡甚大，尤以蘇北天長一帶，因和第五軍行動與計劃均能密切配合，戰果最優，以後匪軍善講求疏散隱蔽，並利用夜間行動，故捕捉不易，我大隊在此期間傷亡亦眾，中隊長被擊落者有三次，傷亡率不亞於對日作戰時。

（六）檢討

1. 勝利後對地方武力偽軍等未加妥善處理，致為共匪所爭取，力量立即壯大。
2. 我陸軍大量縮編，無良好之退除役辦法，影響幹部心理甚大。
3. 共匪無恥宣傳，騙取人民信任，我政府無適當有效對策。
4. 我們在政略方面樹敵多，未將敵孤立。
5. 過於分散空軍力量，違背集中原則致效果不能擴大。
6. 當時各撤退之陸軍，不知利用優勢空軍掩護撤退，常利夜間撤退，恰好敵人長於夜戰，而我不運用聯合力量補自己夜戰之所短，等到天亮時空軍到達，我撤退部隊多已潰不成軍，無力行動矣。
7. 空軍為滿足各戰區陸軍之慾望，常無意義的分割和將重點經常用於直接支援，在大規模會戰時，亦不重視阻絕作戰，致使我損害大浪費多。
8. 空軍補給不圓滑，致使可用兵力受影響。

根據以上檢討，我們對匪作戰之失敗，主要並非由於匪武力之強大，實由於各種錯誤所招致，今後反攻作戰情形當非往昔可比擬，目前匪空軍之力亦不小，我陸軍將來作戰不僅可能得不到空軍之直接支援，而且可能還要忍受匪空軍無情之摧殘。今後我們要認清三軍之聯合作戰是要各盡所能，各盡所長，打擊共同敵人，以完成我方之目的，各軍種除應研究聯合作戰，並應講求如何運用其自身力量去完成作戰任務。

● 羅輔傑

作戰時級職：空軍第五大隊中尉作戰官
撰寫時級職：空軍第五大隊第二十六中隊少校一級中隊長

作戰地區：江蘇徐蚌地區

作戰起訖日期：37 年 11 月 27 日至 38 年 1 月 20 日

戡亂－徐蚌會戰

自民國三十五年起，我政府為整肅內部共匪之擾亂，開始實行清剿工作，終因吾軍民經八年抗戰，精疲力竭，人民又憧憬著戰後昇平安居之生活，因此共匪利用宣傳滲透，趁虛而入，以致烽火燎原，一發而不可收拾。本人曾參加多次戰役，今重溫此一歷史舊創，自不勝感慨，繫之今大陸為匪竊據，而國軍將來反攻作戰，解救同胞，務須從檢討既往之得失著手，不可一錯再錯，更不應以明日黃花視之也，今試述關係於吾半片江山之徐蚌會戰作一概括之檢討。

一、戰鬥原因

國軍東北戰局失利後，華北匪聶榮臻部立即以全力圍攻天津，並策動北平傅作義率部投降，因之華北局勢頓形改觀。蓋以濟南吳逆化文之叛變，使國軍整個軍事形勢為之逆轉，此時陳毅部在兵力與戰略形勢上均獲得較優之地位，對於以徐州為核心之蘇、魯、皖、豫地區之國軍，有近求決戰，進而威脅首都之勢，適匪劉伯誠之部自黃汎區會戰後，此時亦告整備完成，匪軍乃以陳、劉兩匪部隊，大舉進犯徐州。國軍為確保徐州戰略要地，主動放棄鄭州、開封、新鄉、東海各據點，將隴海線兩側兵力逐次向徐州集結，期以內線作戰姿態對領有外線優勢之匪軍依守勢機動戰略，予以各個擊破。

二、作戰日期

自民國卅七年十月廿一日起至卅八年元月廿日止，共計九十二日。

三、戰鬥性質

甲、匪軍

匪軍自戰略上採分進合擊，迂迴包圍之外線作戰，在戰術上為面形作戰，各個擊破國軍增援部隊之大殲滅戰。

乙、國軍

國軍初期為守勢機動之內線作戰，末期為離心退卻之突圍作戰。

四、戰地一般狀況

甲、兵要地理

徐州舊稱彭城，位居津浦、隴海兩路之交叉點，為京畿之屏障，在戰略上徐州之得失，對華東之整個局勢頗具影響，故歷來為兵家所必爭。

交通狀況：鐵路線東起連雲，西通鄭縣，南達浦口，北上濟南。省縣公路及鄉村大道縱橫分佈，頗稱便利，但公路路面不良，雨雪時則泥濘載道，車行甚感困難，鐵路自勝利以來遭匪破壞，對濟南及連雲港之交通迄未修復。地理環境上四圍多山，岡陵起伏，村鎮稠密，軍隊宿營方便，土質利於軍事構築，微山湖與運河相通，形成徐州東北一大地障，而東部之徐州河、沂河，西南部之澮河、淌河、淝河、穎水等均匯流於淮河而入洪澤湖，形成東西兩面之天然阻絕。又橫貫東西之黃河故道雖已乾涸，惟廢堤仍可供防守之利用，在政治區域上徐州雖屬江蘇省，惟風土人情氣候與冀、魯、豫相似，為大陸性氣候，四時天氣轉變據列，大軍運動困難。

乙、政治軍事環境

徐州自抗日勝利後，以地居要衝，政府設綏靖公署，主持魯、蘇、皖、豫四省之綏靖工作，藉使軍政配合，從適安撫，恢復生產，奠定國防。不意匪軍自抗戰以來，以新四軍及第十八集團軍之一部，分在晉、蘇、豫、皖建立根據地襲擊國軍，擴大實力，妥協日寇，阻撓我抗戰。勝利以後匪軍竟圖擴大叛亂，破壞交通，竊奪物質，裹劫民鎗，搜刮糧食，脅迫壯丁，擾亂金融，造謠滲透，使南北物質不能調節，影響民生，因而在政治經濟上動盪不安，人心動，社會極端混亂。

濟南失守後，鄭汴、東海以兵力集結關係亦相繼撤守，故一般難民均蝟集徐州一地，在此僅數十萬人口之城市，驟增負擔，致物價高漲糧食缺乏，加以我數十萬大軍，均以徐州為補給中心，因此在以徐州為中心之內線作戰，對外交通中斷，後方秩序益見紊亂。又因匪軍之偽裝滲透與煽惑，故對我政府竟存觀望態度者甚多，加以地方行政不健全，保甲組織不嚴密，民眾訓練程度不夠，一旦進入作戰狀態，人各自謀，故軍政配合上對總體戰之真意未能具體發揮。

五、作戰部署

甲、匪情判斷及部署概要

匪軍以陳匪毅部隊乘我調整部署行動分離之際，先擊破我第七兵團，爾後伺機會同匪劉伯誠部圍攻徐州，以匪陳賡部截擊我第十二兵團之增援。

匪陳毅之一部西越微山湖向南竄犯，企圖牽制我第二兵團於豐縣、碭山地區，另以一部隊竄沭陽、宿遷附近擾擊蘇北各國軍之據點，其主力則集結於臨沂、棗莊一帶為主攻，劉匪主力在開封、蘭封附近為助攻，匪陳賡控制淮陽、商水為機動隊，適時打擊我應援部隊。

乙、國軍部署

國軍以固守徐州保衛南京門戶之目的，集中兵力於徐州附近，依內線作戰守勢機動之指導對進犯之匪軍適時各個擊破之，故陸軍之第七兵團在掩護東海第四十四軍撤退後，即於運河西岸地區集結，第二兵團集結於徐州以西黃河地區，第六、八兵團擔任徐州以南津浦鐵路及淮河之守備，第十三、十六兵團、第七十二軍擔任徐州城區及九里山之守備，第十二兵團由平漢線東調，加入徐州戰場之作戰。

在空軍方面則第五大隊及轟炸第八大隊之一部分留駐南京，第三大隊之二個中隊留守徐州機場，另一中隊進駐蚌埠，輕轟炸第一大隊之半進駐南京，空運第十、第二十大隊除部分留駐上海外，均集中於南京。

六、檢討與教訓

陸軍

甲、戰區間協同不良，兵力轉用不靈活，增援部隊投機自私，作戰不力，為戡亂戰役中之大病。

乙、指揮權責不專，各級牽制過甚，致不能適應戰機，反養成敷衍塞責之弊病。

丙、各兵團被圍之際，傷患蝟集於包圍圈內且醫藥缺乏，影響士氣及戰鬥意志甚大。

空軍

甲、各機場之指揮不統一，通信網欠周密，致指揮不靈活。

乙、空投補給因受天候及技術上限制，困難太多，數量有限，而大軍作戰專賴大量投擲補給當不可能。

丙、匪對我空軍之攻擊已有經驗，故晝間甚少活動，致使我空軍無用武之地。

丁、對匪軍之搜索缺乏通盤之計劃，投彈掃射之命中率甚低。

戊、匪軍所築之交叉戰壕使飛機轟炸不易奏效。

綜觀以上諸缺點，乃是我空軍在剿匪期間所犯之通病，通訊網之不健全，兵力不能集中機動使用，指揮不統一以及飛行員之炸射技能水準未達理想，因此每個戰役，雖全力以赴，終難獲得預期之效果也。

● 梁同生

作戰時級職：空軍第五大隊第十七中隊
上尉一級中隊長
撰寫時級職：空軍第一聯隊上校二級政治部主任

作戰地區：海安、鹽城、淮陰

作戰起訖日期：35 年 1 月 15 日至 9 月 17 日

蘇北戰役（海安、鹽城、淮陰）

一、概述

1. 抗戰勝利後，三十五年春共匪即利用我兵力在運輸上之困難，在我陸軍部隊為運送至蘇北鹽城、海安一帶之前，即利用其原有之游擊部隊在蘇北展開非法活動，攻佔各主要城鎮，以圖對我首都南京之外圍加強威脅。
2. 我空軍第三戰鬥大隊駐防徐州，執行山東及徐州以北地區之對匪攻擊任務。
3. 我空軍第一轟炸大隊駐防漢口，執行長江以北至徐州一帶之直接支援任務。
4. 我空軍第五戰鬥大隊駐防南京，執行蘇北一帶之對匪攻擊任務及協助我第五軍攻擊淮陰匪軍並擊滅之。

二、作戰經過

1. 35.1.28 率 F51 機四架由南京出發攻擊匪軍佔領之淮陰機場，在機場未發現匪機活動之象徵，即攻擊機場四週之匪軍陣地，戰果良好。

2. 35.5.24 率機四架攻擊鹽城、東台一帶之匪軍陣地，在東台發現匪軍三十餘即射掃之，斃匪廿餘名；鹽城炸毀匪陣地四處，東台無發現。
3. 35.5.27 率機四架攻擊五河、淮陰等地，在淮陰轟炸及掃射匪軍陣，毀其陣地三處，斃匪五十餘名，在五河一帶掃射，擊斃匪百餘名。
4. 35.7.15 率機四架攻擊張甸、泰興一帶，在泰興以北發現匪軍三百餘名，當即之轟炸及掃射，共斃匪二百餘名；在張甸之公路上發現匪百餘名，當即對其集中掃射將其全部擊斃。
5. 35.7.18 率 F51 機四架出擊泰縣東海安一帶之匪軍陣地，在海安東南之公路上發現匪軍百餘名，當即對之掃射，斃匪約六十名及陣地十餘處。
6. 35.7.21 率機二架出擊如皋一帶匪軍，未發現匪情。
7. 37.7.24 率機二架出擊天長一帶之匪軍陣地，在天長以北 20 里發現匪軍四百名，當即轟炸及掃射，斃匪三百餘名及陣地四處。
8. 37.8.1 率 F51 機四架出擊如皋海安一帶，在海安附近發現匪軍陣地十餘處，當即予以轟炸及掃射，毀共陣地八處，斃匪三百餘名；在如皋北之公路上斃匪百餘名。
9. 35.8.25 率機四架出擊淮安、邵伯等地匪軍集結地，共斃匪三百名。
10. 35.9.2 率機四架出擊一帶海安之匪軍陣地，在海安東北發現匪軍陣地十餘處及另亂之匪軍約二百餘名，當即予以轟炸及射擊，共炸毀其陣地七處，斃匪百餘名。

11. 35.9.11 率機六架攻擊海安一帶之匪軍陣地，共毀陣地十餘處，斃匪四百餘名。

12. 35.9.17 率 F51 機六架轟炸及掃射淮陰匪軍陣地，共毀匪陣地六處，斃匪三百餘名，當即攻擊匪陣地時被匪地面砲火射中座機，當即起火，本人即跳傘落於我軍陣地，人安好，並在前線我軍電台隨軍指揮我機作戰，有良好之戰果。

三、檢討

1. 匪軍戰術方面

（一）抗戰勝利後匪於我軍因運送上之困難，在未能駐防地區淮陰、海安一帶結集其原有之游擊兵力，以圖對抗我軍之攻擊。

（二）當時匪軍之訓練未達到理想，不堪一擊。

2. 我軍方面

（一）當時我陸軍部隊訓練及裝備皆十分精良，士氣高昂，我第五軍於開始勞動攻擊後兩週即將匪蘇北之根據地淮陰擊下，實證明當時我軍之實力極強。

（二）我陸軍部隊之裝備優良，指揮統一，確為勝利之要素。

（三）我空軍以全力支援友軍，作戰戰果良好。

● 楊修倫

作戰時級職：空軍第五大隊第十七中隊
上尉一級副中隊長

撰寫時級職：空軍作戰司令部中校一級主任連絡官

作戰地區：陝西榆林附近

作戰起訖日期：36 年 6 月 1 日至 21 日

榆林戰役

民國卅六年六月初，余隸屬空軍第五大隊第十七中隊任職副隊長，駐防南京大校場基地，因陝西榆林方面戰況緊急，奉令隨同大隊長鄭松亭率領本中隊 P-51 二十四架前往西安基地協同空軍第十一大隊參與榆林戰役，西安基地十一大隊有 F-47 兩個中隊駐防，及一部空運部隊。

當時延安已被我國軍克服，除地面部隊外尚有十一大隊 F-40 一個中隊駐防於延安機場，匪共被我國軍自其老巢延安驅出後，收拾其殘於兵力向北竄，又會合一部土共，遂將我陝北重鎮榆林包圍。榆林方面我陸軍地面部隊兵力較為單薄，僅能以全力死守，實無突圍及反攻之餘力，地面增援部隊則係由寧夏出發之馬家軍擔任，但距離遙遠，沙漠行軍困難，頗有遠水近火之感。

我空軍戰鬥部隊之任務一為直接支援榆林地面部隊之反包圍戰，又擔任寧夏增援部隊之前哨及兩側之警衛，空運部隊則擔任空投。

榆林戰役中個人曾領隊出擊十二次，每次任務時間，平均均在三小時以上，除轟炸及射擊外，兼任空中目視偵察，所得之情報除報上級外，並作為爾後出擊之參考。

經我空中與地面部隊不斷努力之結果，匪共損失慘重漸感不支，榆林之圍終於被解。

● 張亞崗

作戰時級職：空軍第五大隊第十七中隊少校副中隊長
撰寫時級職：空軍七四二六部隊作戰組中校組長

作戰地區：徐蚌地區

作戰起訖日期：37 年 11 月 27 日至 38 年 1 月 20 日

徐蚌會戰

一、作戰時間及職務

民國三十七年十月二十一日起至三十八年元月二十日共計九十二天，任空軍第五大隊第十七中隊少校副中隊長。

二、番號

空軍第五大隊第十七中隊。

三、作戰發生原因

國軍東北戰場失利，吳逆化文濟南叛變演成華北局勢改觀，導致局部投降，使國軍戡亂軍事形勢逆轉，匪軍急轉南下威脅我首都，國軍為確保首都門戶徐蚌地帶並與匪軍實施決戰，乃集結長江以北之精銳兵力於徐州，期以內線作戰消滅共匪・捩轉戰局。

四、我軍部署

（一）陸軍

1. 第七兵團掩護東海第四十四軍撤退後，集結於徐州以東之運河西岸

2. 第二兵團集結於徐州以西黃口地區
3. 第六、第八兵團擔任徐州以南津浦鐵路及淮河之守備
4. 第十三、第十六兵團、第七十二軍任徐州城區及九里山之守備
5. 第十二兵團由平漢線東調加入徐州戰場

（二）空軍

1. 第五大隊及轟炸第八大隊之一部駐南京
2. 第三大隊之二個中隊派駐徐州機場
3. 第三大隊之一個中隊駐蚌埠
4. 輕轟炸機第一大隊二分之一兵力駐南京
5. 十、廿大隊除部分留駐上海外，均集中南京

五、檢討與教訓

（一）匪軍方面

1. 匪軍中由匪幹控制嚴厲，每遭我攻擊時從無顧慮，集團前進不怕犧牲。
2. 匪雖無空軍支援，經常利用夜暗及惡劣天氣行動而不失戰機，其強制特種訓練甚佳。
3. 匪利用滲透戰術、民眾組織，故其情報靈通行動自如。
4. 匪軍因各戰役均順利達成，故士氣甚高，有必勝信心。
5. 匪軍利用廣大鄉村地區而行掩蔽，常實施奇襲擾亂我軍。
6. 匪坑道作業熟練，陣地構築亦講求使我機械化部隊

行動感受困難，同時我空軍攻擊收效甚少。

7. 匪在此戰役充分使用其「圍點打援」與「奇襲」之戰法，孤立我軍而誘援再於大吃小，各個擊破我軍主力。

（二）我軍方面

1. 我陸軍士氣衰落無敵愾心，過份依賴空軍之支援而又缺乏陸空協同作戰之經驗，我空軍往往造成戰機而無法利用擴張戰果。
2. 陸軍指揮官對空軍性能不甚明暸，儘量要求支援不重要方面而浪費空軍兵力，不能集中使用予匪以致命之打擊。
3. 地區情報未能適時適切，使空軍執行任務感覺困難。
4. 我空軍機種性能時受天候及技術上之限制，欲求整個戰場隨時隨地均得保持優勢之空軍，實不可能。
5. 匪軍對我空軍之攻擊已有經驗並控制嚴厲，使我空軍效果減小。
6. 匪軍講求利用天候減少我空軍之威力。

綜合以上各項缺點，乃為本人在此戰役中所得之經驗，當時我空軍士兵至為高昂，由於三軍缺乏三軍協同作戰之訓練，陸空兩軍一切行動士氣上未能配合而造成慘敗，得此失敗之教訓，來日反攻復國之戰事，三軍協同至為首要成功之因素。

● 張維烈

作戰時級職：空軍第五大隊十七中隊中尉作戰官
撰寫時級職：空軍第五大隊第二十七中隊
少校一級中隊長

作戰起訖日期：37 年 11 月 27 日至 38 年 1 月 20 日

徐蚌會戰

自民國三十五年起，吾政府為整肅內部共匪之擾亂，開始實行清剿工作，終因吾軍民經八年抗戰精疲力竭，人民又憧憬著戰後升平安居之生活，因此共匪利用宣傳滲透，乘虛而入，烽火燎原一發而不可收拾。本人曾參加多次戰役，今重溫此一歷史舊創，自不勝感慨繫之。今大陸為匪竊據，而國軍將來反攻作戰解救同胞，務須從檢討既往之得失著手，不可一錯再錯，自不可以明日黃花視之也，今試述關係於吾半片江山之徐蚌會戰，做一概括之檢討。

（一）發生原因

國軍東北戰局失利後，華北匪聶榮臻部立即以全力圍攻天津，並策動北平傅作義率部投降，因之華北局勢頓形改觀，益以濟南吳逆化文之叛變，此種意外使國軍整個軍事形勢為之逆轉。此時匪陳毅部在兵力與戰略形勢上均獲得較優之地位，對於以徐州為核心之蘇、魯、皖、豫地區之國軍，有追求決戰，進而威脅首都之勢，適匪劉伯城部自黃汎區會戰後此時亦告整補完成，匪軍乃以陳、劉兩匪部隊，大舉進犯徐州，國軍為確保徐州戰略要地，主動放棄鄭州、開封、新鄉、東海各據點，將隴海線兩側兵力逐次向徐州集結，其以內線作戰姿態對領有外線態勢之匪軍依守勢機動戰略，予以各個擊破。

（二）作戰日期

自民國卅七年十月廿一日起至卅八年元月廿日止，共計九十二天。

（三）戰鬥性質

甲、匪軍

匪軍自戰略上採分進合擊，迂迴包圍之外線作戰，在戰術上為面形作戰，各個擊破國軍增援部隊之大殲滅戰。

乙、國軍

國軍初期為守勢機動之內線作戰，末期為離心退卻之突圍作戰。

（四）戰地一般狀況

甲、兵要地理

徐州舊稱彭城，位居津浦、隴海兩路之交叉點，為京畿之屏障，在戰略上徐州之得失對華東整個局勢頗具影響，故歷來為兵家所必爭。交通狀況：鐵路線東起連雲，西通鄭縣，南達浦口，北上濟南，省縣公路及鄉村大道縱橫分佈，頗稱便利，但公路路面不良，雨雪時則濘泥異常，車行甚感困難，鐵路自勝利以來遭匪破壞，對濟南及連雲港之交通迄未修復。地理環境上四圍多山，崗陵起伏，村鎮稠密，軍隊宿營方便，土質利於工事構築，微山湖與運河相通，形成徐州東北一大地障，而東部之徐州河、沂河，西南部之澮河、渦河、淝河、穎水等均會流於淮河而入洪澤湖，形成東西兩面之天然阻絕，又橫貫東西之黃河故道，雖已乾涸，惟廣堤仍供防守之利用。在政治區域上，徐州雖屬江蘇省，但其風土、人情、氣候與冀、魯、豫相似，為大陸性氣候，四時天氣轉變劇烈，大軍運動困難。

乙、政治軍事環境

徐州自抗日勝利後以地居要衝，政府設綏靖公署，主持魯、蘇、皖、豫四省之綏靖工作，藉使軍政配合，從事安撫，恢復生產，奠定國防。不意匪軍自抗戰以來，以新四軍及第十八集團軍之一部分，在晉蘇豫皖建立根據地，襲擊國軍擴大實力，妥協日寇阻撓抗戰。勝利以後匪軍意圖擴大叛亂，破壞交通，竊奪物資，裹劫民鎗，搜括糧食，脅迫壯丁，擾亂金融，造謠滲透，使南北物資不能調節，影響民生，因而在政治經濟上動盪不安，人心浮動，社會極端混亂。

濟南失守後，鄭汴、東海以兵力集結關係，亦相繼撤守，故一般難民均蝟集徐州一地，在此僅十數萬人口之城市，驟增負擔，致物格高漲，糧食缺乏，加以我數十萬大軍，均以徐州為補給中心，因此在以徐州為中心之內線作戰對外交通中斷，後方秩序益見紊亂。又因匪軍之偽裝滲透與煽惑，故對我政府意存觀望態度者甚多，加以地方行政不健全，保甲組織不嚴密，民眾訓練程度不構，一旦進入作戰狀態，人各自謀，故軍政配合上對總體戰之真義，未能具體發揮。

（五）作戰部署

甲、匪情判斷

一、方針

匪軍以陳匪毅部隊乘我調整部署行動分離之際，先擊破我第七兵團，爾後伺機會同匪劉伯誠部圍攻徐州，以匪陳賡部截擊我第十二兵團之增援。

二、部署概要

匪陳毅之一部西越微山湖向南竄犯，企圖牽制我第二兵團於豐縣、碭山地區，另以一部隊竄沭陽、宿遷各附近擾襲蘇北國軍各據點，其主力集結臨沂、棗莊一帶為主攻，劉匪主力在開封、蘭封、民權附近助攻，一部在遂本、舞陽地區牽制我華中部隊，匪陳賡控制淮陽、商水一帶為機動隊，適時打擊我應援部隊。

乙、國軍部署

一、方針

國軍以固守徐州保衛南京門戶之目的，集中兵力於徐州附近，依內線作戰守勢機動之指導，對進犯之匪軍適時各個擊破之。

二、兵力部署

（甲）陸軍

1. 第七兵團掩護東海第四十四軍撤退後，即於運河西岸（徐州以東）地區集結。
2. 第二兵團集結徐州以西黃口地區。
3. 第六、第八兵團擔任徐州以南津浦鐵路及淮河之守備。

4. 第十三、第十六兵團、第七十二軍為徐州城區及九里山之守備。
5. 第十二兵團由平漢線東調，加入徐州戰場之作戰。

（乙）空軍

1. 第五大隊及轟炸第八大隊之一部分留駐南京。
2. 第三大隊之二個中隊留守徐州機場。
3. 第三大隊之一個中隊進駐蚌埠。
4. 輕轟炸第一大隊之半進駐南京。
5. 第十、廿大隊除部分留駐上海外，均集中南京。

（六）檢討與教訓

陸軍

（甲）戰區間協同不良，兵力轉用不靈活，致黃維兵團未能及時兼程東進參加會戰，該兵團迄到達南平集附近時，徐東方面之戰向已趨逆轉，逸失時機，且王凌雲部未能隨該兵團東進，致兵力薄弱，不能放膽攻擊，以致覆沒。

（乙）指揮權責不專，各級牽制過甚，致不能適應戰機，反養成敷衍塞責之惡習。

（丙）兵力集中遲緩，友軍缺乏協同精神，以致我軍兵力分散不能集中運用，題居劣勢，反遭匪之各個擊破，與原定方針大相逕庭。

（丁）增援部隊投機自私，作戰不力，為戡亂戰役中之大病。

（戊）各兵團被圍之際，傷患蝟集於包圍圈內，醫藥缺乏，影響士氣及戰鬥者甚大。

空軍

（甲）空投補給，因受天候及技術上之限制，困難太多，數量有限，故大軍作戰專賴大量投擲補給，當不可能。

（乙）清晨有霧，敵我區域不明，致霧散時，匪兵已藏匿無踪。

（丙）匪軍對我空軍之攻擊已有經驗，故晝間甚少活動，致使我空軍無用武之地。

（丁）對匪軍之搜索缺乏通盤之計劃。

（戊）投彈掃射之訓練不足，致命中率甚低。

（己）匪軍所築之交叉戰壕，使飛機轟炸不易奏效。

（庚）各機場之指揮未曾統一，通信網欠週密，致指揮不靈活，兵力不易集中。

綜觀以上諸缺點，乃是我空軍在剿期間所犯之通病，通訊網之不健全，兵力不能集中機動使用，指揮部統一以及飛行員之技能水準未達理想，因此每個戰役，雖全力以赴，終難獲得如期之效果也。

● 張濟民

作戰時級職：空軍第五大隊第二十六中隊少校中隊長
撰寫時級職：空軍第四聯隊上校參謀長

作戰地區：陝西、鄂北、豫西

作戰起訖日期：36 年 3 月至 37 年 6 月

延安戰役

民國三十六年三月本人任職空軍第五大隊第二十六中隊中隊長駐防南京，於六日奉命隨同大隊長鄭松亭上校率機十二架進駐山西運城，於十三日開始協助友軍進攻延安，並隨我軍之進展追擊圍殲。至十九日止，本人共出擊七次，斃匪八百餘名，馬二十餘匹，炸毀房屋四十棟，工事兩處，卡車四輛，於三月二十五日率機返防南京。

第二次鄂北戰爭

劉匪伯誠於民國三十六年九月渡越黃河流竄鄂北、豫南大別山一帶，當時本人為空軍第五大隊第二十六中隊中隊長，奉命率機駐防漢口，受空軍第四軍區指揮擔任清剿任務，共駐漢口九閱月，前後共出擊五十五次，其間解除確山匪軍圍攻，協助阜陽、南陽等地守軍作戰，斃匪千餘名，馬百餘匹，毀匪房屋工事多處，於三十七年六月八日奉命返防南京。

開封戰役

民國三十七年六月本人任職於空軍第五大隊第二十六中隊中隊長駐防南京，於十九日奉命率機八架進駐徐州，協助友軍守衛開封，共出擊四次，斃匪四百餘名，炸毀房屋二十餘棟，砲車一輛，於二十三日返防南京。

戡亂心得

（一）在余擔任空軍中隊長期間，直接參加戡亂作戰先後達三年，共出擊一百餘次，除延安戰役為對匪有計劃主動進剿而外，其餘各戰役大部隨匪流竄，我友軍只能堵擊或追剿，各處均受匪軍牽制而不能發揮機動主動精神，實為戡亂作戰失敗主要原因之一。

（二）匪軍於大陸作戰時，其服裝混亂，軍民不分，且多夜間行軍，我軍對其行蹤偵測甚感困難，往往匪軍兵臨城下，始行發覺，地面缺少有效組織，且未利用民間力量組成通信情報機構，多臨時仰賴空軍偵察，致使猝不及防，而影響作戰。

（三）三軍互相對友軍性能、戰術以及所使用武器缺少研究與認識，致使空軍供不應求，而空軍所獲偵察戰果，往往亦非陸軍所需，浪費兵力消耗時間，且養成依賴僥倖心理。

（四）空軍之運用最重要兩原則，為集中與機動，尤以劣勢對優勢空軍之作戰為然，在戡亂作戰中，空軍為應付廣大地區之作戰，被迫分割使用，致使效果未能顯著。今後在反攻大陸期間，面對共匪優勢之空軍，除我空軍須發揮以一當十、有我無敵之奮鬥精神及精湛之技術外，更須注意空軍之運用，方能有效克服頑敵獲得最後勝利。

● 喬無遏

作戰時級職：空軍第五大隊第二十六中隊
上尉副中隊長

撰寫時級職：空軍戰術管制聯隊上校參謀長

作戰地區：陝北

作戰起訖四期：36 年 3 月 13 日至 21 日

延安戰役

（一）概述

抗日戰爭發生後，奸匪假抗日為名，積極爭地擴軍，以圖顛覆政府，赤化全國。迨抗戰勝利，匪酋不顧信義，違犯停戰協定，進而勾結俄帝，擴大叛亂，我政府為求伸張正義，安定民心，爰對奸匪竊踞十三載號稱赤都之延安加以征剿。此役中空軍總司令部使用駐南京之第五大隊第十七、廿六中隊全部 P-51，第十二中隊 RP-38 機，駐上海第八大隊全部 B-24 機，駐漢口第一大隊 B-25 機，及駐西安第十一大隊 P-47、P-40 機，全力協同西安綏靖公署胡長官宗南所屬第一軍、第廿九軍以及騎、砲、戰車、通信、工兵等部隊，攻取延安。

（二）作戰前狀況

民國卅五年至卅六年，國際方面因第二次世界大戰甫告結束，渴望和平，屢次召開會議，以妥協思想圖謀犧牲我國。國軍東北部隊已自公主嶺撤至長春、四平固守，而國內則內奸反側，鼓吹和平，匪燄日益囂張，稱將發動所謂「西北春季攻勢」。國軍於最高政略指導下，於此時期攻佔延安，則可正國際視聽，並鼓勵舉國民心，振奮士氣。

（三）國軍作戰指導

空軍第八大隊 B-24 機及人員完成戰備，在原基地（大場）待命，由空軍總司令部直接指揮；第一大隊所屬 B-25 機及人員，在漢口王家墩機場進入戰備待命，受空軍第四軍區司令指揮；第十二中隊在南京待命，受空軍總司令部直接指揮；第五大隊之第十七及第廿六中隊全部 P-51 機，於三月上旬飛抵運城待命，受第三軍區司令指揮；第十一大隊 P-47、P-40 機在西安基地待命，受第三軍區司令指揮。

陸軍方面以第一軍及第廿九軍為骨幹，輔以騎、砲、戰車、通信、工兵部隊，區分為左右翼兵團，分別自孫家河、齊家溝之線發起攻勢，於空軍直接掩護下，奮勇突破匪陣，持續攻擊貫穿其縱深，採取中央突破兩翼迂迴策略，圍殲頑匪。

（四）作戰經過

空軍第五大隊由副大隊長鄭松亭中校擔任總領隊，第廿六中隊中隊長張濟民上尉擔任副總領隊，第十七中隊由上尉中隊長梁同生率領，第廿六中隊由上尉副中隊長喬無遏率領，全部兵力 P-51 共四十架，於三月上旬自南京飛抵運城。於地勤人員空運機到達後，空勤人員則集合研究地形、敵情、友軍情況與作戰計劃，空軍王副總司令親駕專機到達，舉行任務提示、講解作戰方法，地勤人員則於北地春寒天氣下，日以繼夜整備飛機，於良好可用狀態待命。

自三月十三日起，第五大隊兵力分為四個編隊，所有妥善

P-51 機各掛 250 磅爆炸彈二枚，.50 槍彈滿載，逐日選次出擊，在陸空聯絡電台指揮下，機動集中對第一軍及第廿九軍當面匪陣實施精確之俯衝轟炸，繼以機槍掃射，軟化固守頑匪。右兵團遂於十四日黃昏攻佔岳家寺以北高地，同日左兵團略取鄜縣，我 P-51 各編隊依任務提示規定，於逐次直接支援任務達成後，酌留部分子彈，遂行敵後目視偵察，兼以捕捉機會目標之任務。陝北初春 5000 呎高度，因受高氣壓影響，有濃厚之霾，能見度異常惡劣，且陝北盆地，丘陵起伏，地形複雜，必須詳細搜索始能發現。此役中曾於金盆灣附近發現著黑衣之民兵及灰色服裝之零星匪小股部隊，編隊於掃射後射殺其大部分，匪對空僅有弱度之機槍火力。

自三月十四日以還，我部隊活動頻繁，地形均已熟悉，編隊各員均已養成克服惡劣能見度之目視偵察能力，執行任務甚感得心應手，每次出擊均有斬獲。我王副總司令不時飛抵運城頒賜總統犒賞，宣達總統訓示，全隊士氣高度發揚。迨三月十九日第一線國軍陸空聯絡電台告我部隊在空任務機，稱：匪於延長地區集結 3000 人，圖發動反擊。本部隊乃對延長地區匪諸目標，劃分任務，使用全部兵力，施以轟炸掃射，國軍於三月廿日順利佔領延安。

（五）戰鬥後狀況

此役中空軍第五大隊，因策劃週詳執行澈底，順利完成任務，無任何傷亡，全大隊於三月廿一日飛返南京。

（六）檢討

1. 此役中未發現匪軍重型武器，對空火力亦以輕度機槍火力為主，亦未發現機動車輛，匪軍似尚未獲得俄帝重型裝備之支援。反觀國軍陣地，則有重兵器及車輛集結，運動時，塵煙蔽天，空中極易發現其位置。

2. 於匪陣後方不時發現零星小股撤退之匪，經研討判明，此為匪於空襲下完成撤退之最佳方案，其優點為運動容易、對空匿避，其劣點為易於脫離指揮掌控，有被個個擊破之虞。
3. 我軍於此役中士氣高揚，攻擊精神旺盛，尤以陸空協同密切，遂於七日進軍完成延安佔領。
4. 我軍劣點則屬工兵部隊推動遲緩，公路不能及時整修，致使補給不能適時到達，影響追擊，減低捕捉聚殲之效果。
5. 經驗教訓：延安攻略戰具有良好之作戰計劃，使陸空軍部隊長遵循容易，指揮有節。然國軍以堂堂正正之師進軍陝北，匪以零星雜聚部隊頑抗，以遲滯我軍為目的，以掩護匪支主力化整為零，利於逃竄，雖在空軍攻擊下，亦不能達成對匪散匪悉數殲滅之目的。因此對匪化整為零戰法，應增強突擊之部署，發揚追擊力，配合傘兵斷其歸途，則可達成捕捉聚殲之目的。

本役中匪軍動態情報以空中偵情為主，然目視偵察之特質，對地形複雜能見度惡劣情況，極受限制。如於攻擊發動之前，先期以情報人員滲入敵後，則報導情報配合空偵，更有利於戰場指揮，易於捕捉頑匪，擴大戰果。

● 張銘鈺

作戰時級職：空軍第五大隊第二十六中隊上尉
撰寫時級職：空軍軍官學校中校一級中隊長

作戰地區：大別山區（豫鄂皖邊區）

作戰起訖日期：36 年 8 月 20 日至 37 年 6 月 4 日

大別山戰役

一、前言

余任副中隊及中隊長職務時曾參加剿匪戡亂任務，係自 36 年 8 月 20 日至 39 年 4 月 22 日，其間包括大別山戰役、沂蒙戰役、徐蚌戰役、上海保衛戰、舟山戰役、湘桂戰役、海南戰役，當時戰術空軍之運用，著重於地面直接支援、阻絕任務及偵察任務，參加各戰役之空軍部隊多為機動和調用，或輪流換防性質，故對每一戰役各中隊階層，實難得到一個完整的概念。

二、各戰役詳歷及心得

大別山戰役

1. 經過

余參加該次戰役目標係自 36 年 8 月 20 日至 37 年 6 月 4 日前後親自率第廿六中隊出擊五十六次，作戰地區甚廣，包括豫鄂皖邊區一帶，經過時間亦較為長久，我隊駐防漢口。

2. 檢討

（1）匪軍指揮官劉伯誠，多採用運動戰、遭遇戰，甚少陣地戰，因匪我部隊調動均極靈活，由於地形實係無機會作主力戰，甚難達成速戰速決之目的。

（2）我陸空軍作戰人員士氣甚高，我們在白崇禧及羅機兩位將軍指導之下，每人都具有勝利的信心，認為這兩位指揮官確有卓越的才能，對陸空軍部隊協同作戰確發揮了最高功效，值得我們敬佩。

3. 心得

這次的戰役，在我五十六次的任務中，雖然有五次被地面砲火擊中飛機，似乎是愈戰愈勇，察其主要的原因是，我們對白、羅兩位指揮官在指揮上有了信仰，指揮官對各部隊也給予了不疑的信任‧無形中我們增強了自信，自然會發揮無比的戰鬥力量，這是使我常常回憶不忘的事。

● 廖廣甲

作戰時級職：空軍第五大隊第二十七中隊
少校三級中隊長

撰寫時級職：空軍指揮參謀學校上校一級主任教官

作戰地區：山東

作戰起訖日期：36 年 4 月

魯中孟良崮戡亂作戰之心得

一、序言

戰爭是一種藝術，交戰的雙方誰能靈活運用原則，巧妙的運用兵力以及戰爭的教訓，誰就能掌握戰場優勢，獲得勝利，古史今例莫不皆然。我們固不能長他人之志氣，滅自己的威風，但亦絕不能墨守成規，固步自封，我們應誠摯的接受已往失敗的教訓。

我們在軍事上承受共匪給予的教訓太多了，我們不應忘記大陸失敗一次一次血的教訓，在反攻復國前夕的今日，我們應該追憶，應該反省，更應該從以往的經驗和教訓中謀取改進和對策。回憶大陸作戰，朱毛奸匪憑什麼使國軍一次一次的失利？又憑什麼竊據了整個的大陸？事至如今，我們可肯定的下個結論，就是沒有研究奸匪給我們歷次的教訓，更沒有能從教訓中獲取經驗和心得，進而以求自我的改進。在反攻即在只准勝利不容失敗的今日，絕不許可再糊糊塗塗地繼續這偉大艱鉅的任務。

緣自抗戰勝利後，即奉命率空軍第二十七中隊進駐進駐青島，任務為擔任山東境內之戡亂工作，計駐防青島三年餘，參加山東戡亂戰役大小數十次，當時對各次戰役經過均保有詳細作戰資料。然以撤離青島後，即轉戰京、滬、定、瓊，由於轉移頻頻，致全部資料均行失落，殊為惋惜。今僅將印象最深之孟良崮戡亂作戰經過，憑記憶所及，陳述所得之經驗與教訓。

二、孟良崮戡亂作戰概略之經過

民三十六年春四月間，對匪之魯中會戰，國軍挺進至魯南臨沂，並越過蒙山山區抵達蒙陰縣境後，繼以精銳部隊整編七四師向魯中沂山山區推進，並以整八三師、整二五師擔任兩側翼之掩護。當七四師向坦埠方向前進中，沿途除遇有民兵對我作零星抵抗外，並未發現匪正規部隊與我接觸。經我空軍多方面空中之偵察，得悉距我約百餘華里以內並無敵蹤，實則匪已於數日前分向南麻與吐絲口兩地區實行遠距離退避。及我七四師之進展突出，呈現不利態勢時，匪陳毅部隊乃以九個縱隊之兵力，以快速之行動，高速度之行軍，利用夜間，由南麻及吐絲口兩地區開始向我奔襲。當我七四師接獲空中偵察之情報後，正擬向垛莊、界牌之間地區後撤，企圖憑藉既設工事採取防禦時，匪大部隊已逐漸向我迫近，入夜即被匪軍猛烈鑽隙，於孟良崮地區將我七四師形成包圍。而孟良崮山勢孤拔，附近既無村落，又缺水源，致不適於持久防守。當時雖經我空軍對匪猛烈之攻擊，然以夜間無法實施作戰，故僅經數日鏖戰，以我七四師傷亡慘重，彈盡援絕，遂為匪所破，當日全般狀況如附件（一）。

三、所得之經驗與教訓

檢討此一戰役，匪軍乃採鉗形奔襲戰法，此種戰法即當我軍向匪採取攻勢作戰時，匪故作假面目之遠距離後撤，向其兩翼之遠後方撤退，其撤退距離約在我地面部隊一日行程所不能及之範圍外，而後利用各種情報系統，與我保持暗中之接觸，待我軍進至與匪有利或為匪所預定之地區，匪則乘我部隊停止宿營立足未穩之際，以大於我數倍之兵力，利用夜間開始於遠方以最高速度之行軍向我作鉗形奔襲，以完成對我陣地之包圍，而後運用機動與集中原則形成優勢，實行人海戰術向我陣地猛烈攻擊。綜合匪軍此次作戰之特點，其一是利用絕對優勢之兵力，實施以大吃小。其二則為一切行動講求快速，實施猛打、猛衝、猛進的人海戰術。其三是利用夜行動，以躲避我空軍偵炸。

由此一戰役我陸軍所得之教訓：

（一）應健全諜報網並加強情報活動，俾能早期獲得確切之情報，隨時解匪軍之動向，使我軍對任何不預期之情況，均能從容應付。

（二）實施嚴格戰地居民之封鎖與管制，使匪諜無法在作戰地區內活動潛伏，更期我方之一切行動與機密，不致向外洩露。

（三）採用迂迴挺進，包圍閃擊，主力控制於地形與我有利之地區保持機動，另以裝甲快速部隊，向匪實行假面目撤退之方向迂迴挺進，包圍閃擊，打破匪軍早期遠避之計，使其無法獲得向我鉗形奔襲之機會。

（四）增大行駐軍之部署縱深，以期於行駐軍間，縱使先遣部隊或前進警戒部隊已遭遇重大情況，而主力部隊仍可獲得應付此種情況之餘裕時間。

（五）加強夜戰，匪軍每多運用夜戰，對我之攻擊，多係利用夜戰發揮其強韌之效果，同時可躲避我空軍之偵炸，我軍為爭取主動，亦應努力實施夜戰，以減低匪軍夜戰之威力。

（六）尋求依托，判明匪有向我發動奔襲之合圍後，應立即向鄰接部隊靠近，期能求得友軍之支援與依托，以增大防禦之安全。

由此一戰役使我空軍所得之教訓：

第一，即戰術空軍運用的問題，此時匪軍尚未建立空軍，就制空而言，我掌握空中絕對之優勢，雖處於此種形態下，然未盡能發揮空軍之特性，亦即於此一戰役中空軍代替了友軍大砲之功能，僅僅擔任近距離目標物之攻擊，以戰術空軍運用而言，此種任務絕非空軍主要之任務。其所以形成此種現象，主要之癥結乃由於友軍不能洞悉空軍具有之特性，當時如不以全力實施直接支援，則不能獲得友軍之諒解，此種觀之偏差，今後應亟予以糾正。蓋空軍所使用之武器是具有較大之航程與彈性，同時其乃補償地面武器不足之最佳武器，絕不可將其列入地面武器系統以內使用，直接支援僅為空軍該項任務中之一項，而絕非全部。今以戰術空軍運用原則之目標物優先次序而言，第一是制空，其次是阻絕，再其次乃為直接支援。而在此一戰役中，空軍自始至終均將全部兵力用之於對前線目標物之攻擊，致減低空軍之價值，而使戰事逆轉。由此一血肉教訓，故對今後戰術空軍之運用應按基本戰術原則而使用。

第二，即缺乏陸空密切之協同，由於未能建立健全之陸空協同系統，致對匪軍前線之目標物未能作有效之攻擊。今後應積極建立健全有效之陸空協同系統。

第三，即增強空軍之夜間作戰能力，匪軍善於運用夜戰，為求對匪澈底擊滅，我今後應積極增強夜間作戰能力。

四、結論

一個時期軍事頓挫，並不是問題的結論，匪軍雖一時佔據了整個的大陸，也不是問題的結論，只要我們能承受血肉的經驗與教訓而去澈底自我改進，這才是問題的結論關鍵所在。希特勒檢討第一次世界大戰陣地戰的經驗和教訓，創造出閃電戰致席捲了歐洲。第二次世界大戰美國基於初期作戰航空部隊對艦隊威力的教訓，斷然迅速的建立了龐大空軍，以至獲得大戰的勝利。假如我們能有效的運用我們這些血肉的經驗與教訓，則殲滅共匪收復大陸可指日而待矣。

附件（一） 孟良崮作戰經過略圖

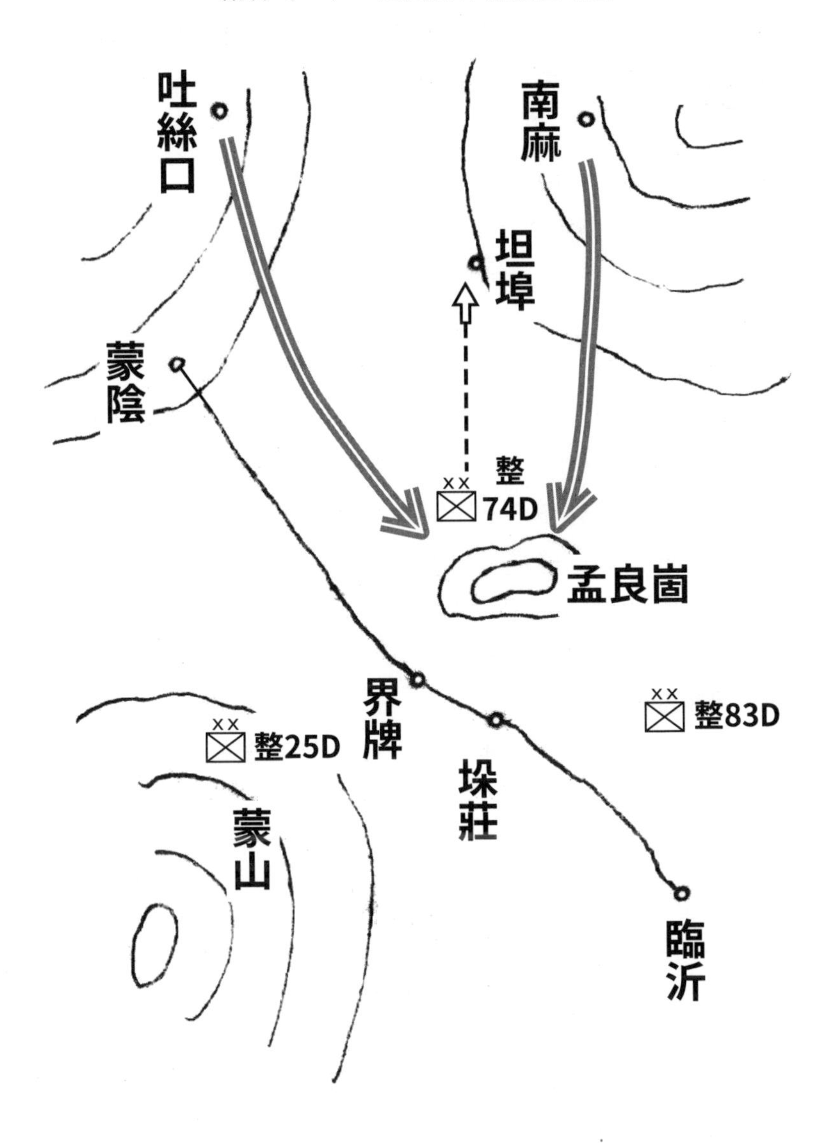

● 張濟民
作戰時級職：空軍第五大隊第二十九中隊少校中隊長
撰寫時級職：空軍第四聯隊上校參謀長

作戰地區：鄂北、蘇北

作戰起訖日期：34 年 9 月至 35 年 7 月

戡亂第一擊

抗戰勝利之初，共匪積極佈署，阻撓接收，乘機擴大佔領地區，當時本人為空軍第五大隊第二十九中隊中隊長，駐防湖南芷江，於民國三十四年九月八日奉命率機八架（F-51）掩護陸軍前總司令何上將至南京接受日軍簽降，共匪已在各處蠢動，何上將為防範未然，於九月十六日命余率機一架，偵察徐州、棗莊、臨海一帶匪軍調動情況，此為戡亂史上第一次出動兵力對匪作戰。

第一次鄂北戰役

民國三十五年七月匪軍一個縱隊由李匪先念率領於鄂西、鄂北一帶竄擾，當時本人為空軍第五大隊第二十九中隊中隊長，駐防南京，於七月六日奉命率機六架進駐武昌，由前中美聯隊聯隊長徐中將指揮，前後共駐十二日，於七月十八日返回南京，其間本人共出動任務七次偵察匪軍行動，並於棗陽、新野、老河口一帶斃匪三百餘人，馬十餘匹，擊傷木船十餘隻。

蘇北戰役

民國三十五年七月匪軍於蘇北一帶作亂，我軍大舉掃蕩，先後作戰五月，當時本人為空軍第五大隊第二十九中隊中隊長，期間先後共出擊十八次，斃匪千餘名，毀艦二十餘艘，炸毀電台一座，房屋二十餘棟，車輛二十餘輛，工事四處，協助友軍進攻天長、盱眙、如皋、海安、淮陰等地。

戡亂心得

（一）在余擔任空軍中隊長期間，直接參加戡亂作戰先後達三年，共出擊一百餘次，除延安戰役為對匪有計劃主動進剿而外，其餘各戰役大部隨匪流竄，我友軍只能堵擊或追剿，各處均受匪軍牽制而不能發揮機動主動精神，實為戡亂作戰失敗主要原因之一。

（二）匪軍於大陸作戰時，其服裝混亂，軍民不分，且多夜間行軍，我軍對其行蹤偵測甚感困難，往往匪軍兵臨城下，始行發覺，地面缺少有效組織，且未利用民間力量組成通信情報機構，多臨時仰賴空軍偵察，致使猝不及防，而影響作戰。

（三）三軍互相對友軍性能、戰術以及所使用武器缺少研究與認識，致使空軍供不應求，而空軍所獲偵察戰果，往往亦非陸軍所需，浪費兵力消耗時間，且養成依賴僥倖心理。

（四）空軍之運用最重要兩原則，為集中與機動，尤以劣勢對優勢空軍之作戰為然，在戡亂作戰中，空軍為應付廣大地區之作戰，被迫分割使用，致使效果未能顯著。今後在反攻大陸期間，面對共匪優勢之空軍，除我空軍須發揮以一當十、有我無敵之奮鬥精神及精湛之技術外，更須注意空軍之運用，方能有效克服頑敵獲得最後勝利。

第六大隊

● 金安一

作戰時級職：空軍第六大隊少校副大隊長
撰寫時級職：空軍第二聯隊上校副聯隊長

作戰地區：蘇北、東北、魯東、包綏

起訖日期：34 年 11 月至 35 年 6 月

一、概述

第六大隊於民國卅四年抗戰勝利於南京成立，使用機種全部為接收之日製飛機，計九九式輕轟炸機一個中隊及零一與零四式戰鬥機各一中隊，首任大隊長王景常，副大隊長由職擔任，指揮系統如附表。

二、作戰前之狀況

卅四年抗戰勝利後，政府為團結全國各黨派以利國家之建設與匪共舉行談判，殊匪共罔顧國家之利益，藉和談掩護陰謀全面叛亂，匪新四軍及蘇北土共首先猖亂於東台、高郵及鹽城等地，繼之華北、西北各地叛亂亦起，匪復藉俄帝之助竄擾東北地區，未久各重要地區逐漸被匪共孤立或佔據，我軍僅能活動於城鎮及交通線上矣。

三、我軍作戰指導

作戰初期正值和談進行，美製飛機禁用於戡亂作戰，因之第六大隊奉命擔任監視蘇北匪共行動之偵巡及爾後之戡亂任務。

四、作戰經過

（一）卅四年十一月蘇北鹽城被圍，奉命派所屬第五中隊以日製九九式轟炸機空投彈藥，並以所屬十八中隊偵察匪軍動態。

（二）卅四年十二月奉命以所屬第五中隊之一部參加包綏之役，圍剿賀龍匪部。

（三）卅五年元月奉命以第五中隊之一部移駐濟南，每週沿膠濟路兩側偵察兩次，及在膠州灣沿海偵巡，監視匪船動態。

（四）卅五年一至六月所屬十八中隊駐防濟南，擔任該地區之偵巡任務。

（五）卅五年三月所屬第五中隊之一部駐防瀋陽，轉戰於撫順及四平等地區。

五、檢討

戡亂之未能成功，其主因固由於俄帝背棄與我政府所訂之條約，大力支援共匪使其壯大，以及匪共之狡詐置國家民族利益於不顧到處叛亂，終至不可收拾。但我軍政措施亦多不切實際，有以致之，如各地接收不當、軍隊派系傾軋，再再影響民心士氣。又軍政機構匪諜密佈，我軍之舉措泰半知之，而我則因僅控制點線且陸空通信不佳，情報混亂，匪之動態無由知悉，以致無法捕捉匪之主力而予以殲滅，反之我軍則常必困擾。本大隊全體將士在此期中，雖皆用命，然亦無法挽回頹勢，逞前毖後，將來反攻之革命任務，實有待檢討者也。

附表　指揮系統表

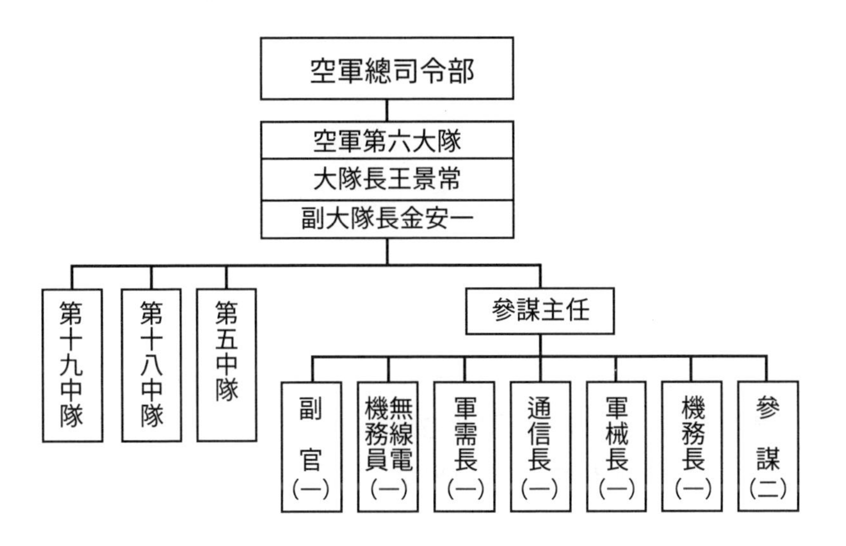
空軍總司令部
空軍第六大隊
大隊長王景常
副大隊長金安一
第十九中隊
第十八中隊
第五中隊
參謀主任
副官(一)
無線電機務員(一)
軍需長(一)
通信長(一)
軍械長(一)
機務長(一)
參謀(二)

● 藍寶田

作戰時級職：空軍第六大隊第五中隊少校中隊長
撰寫時級職：空軍軍官學校初級班上校一級主任

作戰地區：南京、山東、河北、綏遠、包頭、東北等地區

作戰起訖日期：34 年 11 月 5 日至 35 年 7 月 15 日

南京、山東、河北各地區

抗戰勝利，日本飛機急待接收，故復於三十四年十一月十日成立空軍第六大隊於北平西郊機場，余任為該大隊第五中隊中隊長。共匪藉政府抗戰八年壯大自己，至勝利後到處爭城奪鎮叛亂政府，政府始下令戡亂。

本隊奉令成立，編制空勤人員 180 員，地勤官士兵 220 員，接收日本 99 轟炸機四十餘架，擔任南京、山東、河北、綏遠、包頭、東北等地區協助友軍擔任作戰任務。本中隊隸屬空軍第六大隊，第六大隊由空軍指揮所指揮，余指揮本中隊並親自參加濟南、蘇北、綏包、鐵嶺、錦州、四平街、撫順、瀋陽等役，擊毀匪軍及馬匹甚夥，使撫順失而復得，歸綏長期保守，鐵嶺、錦州、四平街、瀋陽等重要軍事據點均得轉危為安。當時制空權全操我手，敵人無空中活動，僅地面砲火向我作防禦性之攻擊。本隊總計出擊四百餘架次，能將破舊飛機獲得如此輝煌戰果，應歸功於我空地勤人員通力合作之結果也。

本隊經此歷次戰役，器材補充無來源，新機不能接換，舊機均告報廢階段，因此本隊奉命於三十五年七月三十日撤銷，所有官兵分調各機關部隊服務。

第八大隊

● 顧兆祥

作戰時級職：空軍第八大隊中校大隊長
撰寫時級職：國防大學校學員

作戰地點：沂蒙山區、黃泛區、臨汾、長春

作戰起訖日期：36 年 3 月至 37 年 8 月

沂蒙山區、黃泛區、臨汾突圍

前言

個人在剿匪作戰時，匪尚無空軍，故無法探得匪的空軍戰術與戰法，要寫作戰詳歷，更缺少資料參考，就在作戰時間上也僅能概寫其月份。

一、沂蒙山區剿匪戰役

三十六年四月間，空軍第八大隊奉命協同地面友軍進剿沂蒙山區之匪，我曾兩次看察到匪的重要行動而無法及時通知地面友軍，第一次是在蒙陰縣東南山地，親眼看到匪以口袋戰術殲滅我友軍，另一次是當我友軍正在山谷沿河前進時，匪從四面山上齊向我軍縮緊包圍，但當時地面友軍無對空電台，致無法將此緊急情況通知友軍。

二、黃泛區剿匪戰役

三十七年七月，我地面在河南睢縣鐵佛寺、帝丘店被圍困八日，匪利用董莊為據地（董莊介於鐵佛寺與帝丘店之間），我駐徐州空軍，於此地區不斷以密接支援方式協同地面友軍作戰，但仍不能解友軍之圍。經空中照相與當地友軍供給匪情，判明匪以坑道戰法圍困我軍，我決定令空軍第八大隊以重磅延期炸彈炸毀匪之坑道，第一次以 B-24 重轟炸十七架各載一千磅炸彈五枚自南京出發，轟炸董莊匪之坑道，任務達成後，降落北平南苑基地，各機加油後，再以同型炸彈攻擊此目標，當時從轟炸戰果照片上研判，無法判明所予匪之損害。第二日接獲黃伯韜電告稱：匪之董莊坑道陣地，經此次轟炸，多被毀陷，埋匪甚多，我友軍亦得解危。

三、協助臨汾守軍突圍

三十七年四月間，我軍被匪圍困山西臨汾，臨汾射界良好，守軍士氣旺盛，匪圍攻十餘日不逞，仍改用坑道圍城。我守城指揮官黃某（或姓梁）要求空軍支援，並建議以重磅炸彈炸毀匪之坑道，我率 B-24 十二架，各載一千磅延期炸彈五枚，自北平南苑出發，臨汾城外之匪、匪之坑道被毀甚多，經此次轟炸，雖不能使友軍固守該城，但以經此次轟炸，使友軍突出重圍。

四、協助長春守軍作戰

三十七年春，長春守軍因受外圍匪軍隔絕，日益孤立，後因曾部變節投匪，國軍勢益危殆，空軍第八大隊奉命轟炸長春城外之匪，協助友軍突圍，匪於瀋陽至長春中間地帶築有網狀陣地多處，猜其用意在利用此陣地以打擊我援軍，另亦可圍困我突圍部隊。在長春陷匪之前，余曾奉命以無線電話通知鄭司令官，轉告上峰望其藉此轟炸，使匪在混亂之際即速突圍，並告以匪築有陣地情況，鄭司令回答曰：「國軍官兵因缺乏燃料與食糧，已兩日不食，數步難行，實無突圍能力，請轉告上峰，只有死守」。此時長春中央銀行大樓尚懸有國旗，市內多處大火，眼看地面友軍形勢極危，匪則人山人海，到此地步，即有飛機十架，亦無法扭轉危局。

五、匪之防空措施

在戡亂時期，匪既無空軍，也無對空有效砲火，積極的防空措施可說毫無，但對消極的防空設施，做得很有效，不論人員與物資的疏散、偽裝皆甚為注意。我空勤人員於航行中，對匪佔領區域甚易辨認，只要對空一看，不論城、村或田野間，若一人不見，必為匪區，其火車一節一輛分段停放，概不偽裝，匪甚瞭解，火車既不能鐵路，即偽裝只是徒勞無功而矣已，如大建築物，塗些迷彩，只是自欺，並不能欺騙敵人。

六、從對濟南與長春空投彈藥、食糧說起

濟南與長春守軍，當被圍不久即請求空投彈藥與食糧。

● 侯傑

作戰時級職：空軍第八大隊副大隊長
撰寫時級職：國防大學校上校一級副主任教官

作戰地點：上海

作戰起訖日期：38 年 5 月

上海保衛戰

一、前言

時間實在過太快，上海撤退的一幕轉眼已經八年多了！在神聖的上海保衛戰中，我是參加的一員，也曾盡過一點力量，由於時間過的太久，同時手邊又無精確的資料可佐參證，要想把當時詳詳細細的作戰經過寫出來，實在是不可能的事，那麼我就只能把記憶中的概括輪廓，很簡要的作一個報告，錯誤或不正確的地方是難以避免的。至於這篇心得報告的價值，當然更是不敢妄加估計！

二、作戰經過概述

約在民國三十八年五月的最初幾天，我奉命率領 B-24 飛機六架，由新竹基地到上海去換防。那時我的職務是空軍第八大隊的副大隊長。在我到達大場基地的時候，地面的戰事，已經在上海週邊勇烈的進行當中，當晚匪的炮火已經能夠打到大場基地的西邊約一、二公里的地方。於是我一方指揮部屬同仁遷移重要裝備，一方面命令空勤人員待命轉進，並向上級報告，當時得到的指示是拂曉飛遷江灣，忙亂了一夜未曾闔眼，天剛亮就全體起飛轉移到江灣基地。這時的江灣基地，可以說是極一時之盛，部隊有一、四、八、十及二十大隊，飛機則有 B-24、F-51、C-46、C-47 及蚊式，在一個基地裡面同時駐有如此多的部隊和飛機，還真是不多見的一回事。正在我忙著計畫安置人員食宿問題的時候，負責地面搶運的人員來報告說：「大場跑道旁邊的棚廠，已經中了砲彈了！」為了顧慮到人員的安全，還有少許的待修器材，也就停止搬運了。當日的下午，開始執行任務，出發轟炸南京下關碼頭，翌日攻擊京滬線上之戚墅堰機車場等，尚有成果。嗣後上海近郊戰事，日趨激烈，乃奉命轟炸各公路線、鐵路線之固定及活動目標物，與月浦、楊行、羅店等地之匪軍及匪砲兵陣地等，因目標物過小發現困難。迨後匪軍迂迴侵至浦東地區，又奉命攻擊彭浦鎮等地之匪軍。五月十八日午後奉命於實施任務後全大隊飛返新竹。

三、檢討意見與心得

（一）當情況需要時，使用重轟炸機執行戰術作戰，對匪實施阻絕，乃可行之事。但必須有精確的情報，詳細的計劃，以及有系統的集中攻擊行動，始能獲得預期的效果。至於以重轟炸機實施密接空中支援任務，似屬不宜。因重轟炸機行動遲緩，實施水平轟炸更不易精確命中小的目標，實難密切配合地面部隊之行動。

（二）目標物選擇關係作戰成敗甚大，選擇不當徒耗兵力。使用重轟炸機，不宜選擇活動目標物，因行動遲緩不易掌握時機。實施中空水平轟炸，亦不宜選擇過小目標物——如某一砲兵陣地，因發現找尋困難，難期精確命中。

（三）大陸撤守前，國軍的陸空協同作戰，其協調連繫是不夠密切的，所以收到的效果，也就不夠理想。我們檢討原因，主要的就是那時沒有具備科學化的聯合作戰機構和設施，以致不能了解陸空兩軍彼此的能力和限制，當然就不能相互的配合雙方的需求。現在我們的聯合作戰體系已經建立了，但是不能說一點缺點也沒有，為了我們的反攻勝利，我們三軍的人員，卻需要時時刻刻的研究與改進，使未來的三軍聯合作戰，能夠協調一致，密切配合，發揮統合的戰力。

● 賈文宣

作戰時級職：空軍第八大隊中校政工主任
撰寫時級職：空軍第六聯隊上校一級參謀長

作戰地區：蘇北、張家口、東南沿海等地
作戰起訖日期：35 年 8 月至 39 年 5 月

一、蘇北剿匪

抗日戰爭末期，我們在美國接收 B-24 機返國，該機又名解放式，當時屬於重轟炸機種，在歐洲及太平洋戰場都是主要的□□，曾炫耀於一時，與空中堡壘 B-17 機比美。我們部隊的番號仍是□大隊，有飛機卅二架，駐防上海，飛機是新的，機上有砲塔四個，並均可載炸彈八千至一萬磅，機上工作人員由於訓練的精確、作戰經驗的豐富，所以執行任何任務都能順利完成。首次作戰是卅五年八月廿五日轟炸蘇北邵伯鎮的匪陣地，以兩機輪番轟炸，高度三千呎，在執行任務時用 VHF 機與地面電台連絡，轟炸成果非常良好，地面友軍曾要求空中掩護以便攻擊，這一段的作戰時間很短，不久土匪逃去。

B-24 機種大而笨重，主要的武器是炸彈與機槍，他使用的瞄準器是諾登式，最佳的投彈高度是一萬呎，不適宜於低空飛行及對地攻擊，友軍不明機種與性能，要求掩護攻擊，在油量與性能之限制下無法執行。

二、收復張家口之役

卅四中隊於卅五年九月十一日由上移防北平，住南苑機場，飛機前後十架，參加冀西及熱河境內對匪作戰，協助友軍收復張家口。參戰初期為對匪外圍據點及交通中心的攻擊，軍機出動輪番轟炸，我於九月廿八日以五百磅炸彈十六枚，八千呎高度對宣化車站施以攻擊，卅日以同樣手段對柴溝堡車站轟炸，均命中起火，獲得很好戰果。全隊飛機遍炸張家口外圍據點以阻絕其交通，切斷其兵源，最後對張家口直接攻擊，協助友軍收復該城。

此次戰役由於指揮的適當，執行任務的確實，以及情報之判斷、運用及時，故能收最大效果，每次出擊均看到地面友軍之進展很大，對戰鬥情緒之鼓舞有莫大幫助。

三、對東南沿海匪陣地及船隻的攻擊

自大陸陷匪後，我們轉進台灣，卅八年本部隊駐防新竹，我任職八大隊政工主任，空軍的部隊政工主官是自我們這一屆改制的，當時的八個大隊全部由飛行軍官來擔任，對提高戰力及鼓舞士氣來講，其功很大。

這一時期，我們的作戰任務是削減共匪戰力，攻擊其造船廠、機車廠、橋梁、船隻、交通中心及匪陣地，以上各種任務對 B-24 機性能之發揮極為適當。我參加的任務有九月廿五日轟炸寧波、鎮海等地橋梁，廿八日繼續轟炸寧波鐵橋，十月十七日轟炸玉環匪船，十月廿日轟炸小嶝島匪砲兵陣地，十月廿九日轟炸無錫、戚墅堰機車廠，十一月十一日轟炸集美匪砲兵陣地，十九日轟炸金塘匪陣地，廿二日又轟炸寧波鐵橋，廿五日轟炸寧波鐵橋及大榭島匪陣地，十二月二日轟炸南通匪船，十二月廿七日轟炸蕪湖匪船，卅九年五月八日編隊轟炸金塘島。在各種任務執行時，所帶炸彈每個自五百磅至一千磅，實施高度自八千呎至一萬呎，屢冒惡劣天氣之危險，而均能達任務，尤其能集中適時之出擊，獲得首次金門之大捷，對安定人心上講，實居異常重要。在這一時期作戰任務主要的目的，在於削減匪之戰力，遲滯其行動，提高我三軍之士氣，改善國際之視聽，每日總有數批飛機遍炸東南各省要地，雖無顯著之效果，但戰略之意義非常重大。

四、總檢討

（一）在作戰初期至大陸陷匪時，共匪無空軍，制空權操在我手，任何一次出擊均無空中顧慮，故每次均能安心飛行與瞄準投彈，殆後共匪高砲火力增強，略受影響，在戰術戰法上來講，由於空中無敵手，少研究與發展。

（二）陸空作戰聯繫密切，對友軍之支援均能適時達到要求，因此造成了友軍之過份依賴。

（三）作戰靠情報與通信，如情報不能及時與可靠時，則浪費兵力甚大，其次在戰場上通信應靜默，尤其南京陷匪之時期，我方通信器材多有遺失，匪亦有同樣之 VHF 機，我若在戰場依然使用 VHF 機指揮作戰，則洩密堪虞。

（四）空軍之作戰應集中使用，方可以發揮威力，由於戰況情勢之緊急，常處於被動，零星與分割使用，致消耗兵力而無顯著之戰果，其次炸彈之選擇亦不能切合要求。

（五）空軍在整個作戰上未打過敗仗，士氣始終高昂，尤其不顧天氣之情況而能集中機動的運用，對敵人之心理永遠是一最大威脅。

（六）空軍是整個的、一體的，雖受基地之限制，但 B-24 機之活動範圍仍在千哩以上，由於運用上之集中與機動，發揮最大之伸縮性能，故已無有戰役之分，即今日轟炸廣州，明日可轟炸北平，戰役之區分並不適宜於戰略之轟炸部隊，友軍之戰鬥序列及兵力佈署，均無法詳為記述。

● 王國南
作戰時級職：空軍第八大隊少校作戰參謀
撰寫時級職：國防大學校上校學員

剿匪作戰詳歷心得

一、概述

八年艱苦抗戰，全國軍民歷盡艱辛；勝利以後，本期團結於英明領袖領導之下，精心建國以臻於富強康樂之境，無奈共黨匪徒居心莫測，四處竄擾意圖顛覆政府，三十五年夏並曾一度逼近京畿，舉國震憤一致聲討。自此始，我解放式重轟炸部隊即擔負了戡亂的大任，隨戰局變遷南北追剿。首於三十五年七月出擊蘇北邵伯一帶匪軍，是為抗日勝利以還戡亂之始，繼而收復重鎮張家口及匪巢延安，其餘魯南、晉西、冀東、遼北諸役亦莫不參與，恆能適應戰機，協力友軍予匪以重創；爾後戰局逆轉，濟南、錦州相繼陷匪，長春、瀋陽亦逐次失守，然就我空軍而論，仍常能奮擊匪徒獲致豐碩戰果，重轟炸部隊則更揚威戰場成績輝煌。迄三十七年冬，徐蚌局勢轉緊，則自始至終直接參與戰鬥從無間隙，爾後大陸撤守仍不斷進擊沿海匪方航運及內陸戰略目標，然當時匪徒既乏空中抗拒力量，地面火力亦難期準確，就空戰之論固不能視為戰役，更難作系統之縷述，謹就各處所見略陳如下。

二、心得

（一）匪軍重視工事及坑道之運用

匪軍於包圍之態勢形成以後，常用縱深之工事及綿延不絕之坑道鞏固其包圍，進而逐步內移以縮小包圍圈，徐蚌會戰後期，青龍集及雙堆集兩地尤為明顯，迨至戰事將近結束階段，其坑道工事已增至十餘層之多。此種情況真可謂穩紮穩打之戰法，而又合乎安全之原則及確實之要求，尤其針對當時國軍之重裝備，更能充分發揮其圍堵之作用。

（二）運用高射武器態度積極

三十七年七月廿四日濟南陷匪，錦州序戰亦緊隨其後，當時東北及關內交通，泰半為匪破壞，故平津及瀋陽國軍一時均難赴援，僅國軍一部自葫蘆島登陸向北馳赴救助，然匪徒對錦州包圍之態勢一成，不顧我軍之夾擊，竟於錦州東南高地構築高砲陣地，並以熾盛火力掩護其砲兵對錦州之轟擊。

三十八年三月，海軍重慶艦叛國投匪，竄抵葫蘆島，不二日為我空軍偵獲，大批轟炸機隊跟蹤攻擊，然共匪之高砲配備均已完成，每於我機進入攻擊之際，恆以大量火力圖作掩護，迄至該艦被炸傾覆，火力始寂。

（三）偽裝隱蔽行動迅捷

三十六年三月，國軍收復赤穴延安，當時匪徒大軍急遽撤退，固由於地瘠民貧，交通崎嶇，僅兩日功夫即能脫離我軍監視，流竄陝北、晉西一帶，雖派多數飛機網狀搜索，終未能發現其蹤跡，其行動迅速企圖匿祕，雖未能促其獲勝，而免於被消滅之命運，始為爾後死灰復燃之源。

三十六年底，匪眾約兩萬人，自河北豐潤一帶潛據唐山以北東西龍虎莊（亦稱騍馬莊者），企圖於當夜進襲唐山威脅平津，我機隊奉命趁黃昏以前出動，攜彈數十噸，對匪實施輪番轟炸，不論火力如何猛烈，亦不論其傷亡如何慘重，匪眾始終保持隱蔽靜止之狀態，不稍竄動，雖低飛偵察，亦一無跡象可循，似屬空室而將空擲，然據事後實地調查，匪方傷亡將近半數，而殘匪於當日利用暗夜鼠竄冀熱山區，其隱蔽之技巧及隱蔽之紀律有助其脫逃殆為事實。

黃伯韜兵團三十七年冬被圍於碾莊圩附近，幾經突圍終不成功，每日飛臨戰場，經常由地面以無線電及布板指示目標，亙作戰全期雖天氣晴朗能見度良好，但自空中真能確實尋獲匪軍之機會仍屬罕有，其隱蔽偽裝技巧之運用，確已增其安全之程度。

三、檢討

（一）就以上所論，匪軍於叛亂期間，其於戰術技術之運用，似頗能以長補短充份發揮其信念，但詳細研究實乃由於其編制裝備使然，匪眾當時既缺乏眾裝備，對疏散偽裝以及機動自較容易；又因其以盜匪之姿態出現，到處流竄任意掠奪，既少後勤之累贅，又有可資驅使之充份勞力。專以空軍而論當時情報，通信（空地）欠靈，空地聯絡不確，再加技術及裝備之限制，對地面支援作戰不能發揮預期效果，亦為爾後所當加緊改進之要務。

（二）大陸戡亂時期，匪方在空中毫無抵抗能力，而我空軍可以橫掃戰場絕無攔阻，但檢討每一作戰對地面作戰所生影響仍難符合願望，究其原因實由於我空軍兵力過於薄弱，而且空軍威力的發揮時間短促，所攜炸彈及槍彈終覺有限，而於投擲發射之後即難再有任何作為，反觀歐洲戰場必由大量空軍長期全面控制戰場始能大大影響戰局。韓戰中聯軍之所以能終以寡擊眾保持優勢者，實多賴空軍之協助，兩相比較至為顯著，蓋象徵性之空軍，終難期其過份之成就也。

今日共匪在蘇寇卵翼之下急遽發展空軍，就量的對比已優於國軍，為來日把握戰場獲致勝利，則對空軍之培育發展當屬刻不容緩之急務。

● 李華良
作戰時級職：空軍第八大隊第三課少校作戰參謀
撰寫時級職：空軍作戰司令部上校三級連絡官

作戰地區：上海等地區

作戰起訖日期：38 年 7 月至 8 月

上海戰役

民國卅五年秋初我第一次奉命參加戡亂戰役，當時共匪竄踞蘇北，我空軍奉命對匪巢如皋、海安等地予以轟炸，頗收良好戰果，惜是次戰役為時短暫，即行停止。

我第二次參加戡亂乃在民卅八年秋間，大陸撤退來台以後，我空軍對匪區上海、晉江等地之發電廠、船塢、橋梁設備執行轟炸，予以極大之破壞。

我在此二戰役中均服務於空軍第八大隊，親身參與，故對當時作戰經過印象特深，惟以事隔日久，復無完整之紀錄可資查考，僅能就記憶所及述其梗概耳。

轟炸上海發電廠等戰役

1. 日期

 民國卅八年七月初旬至八月初旬。

2. 地點

 轟炸上海發電廠、廣播電台、南市碼頭、北火車站及晉江北面之洛陽橋，計共出動轟炸任務五次。

3. 部隊狀況

空軍八大隊戰力同前，飛機雖較舊，但仍保持可用之 B-24 廿餘架，大隊長為李肇華上校，我當時任職三課少校作戰參謀。

4. 作戰前狀況

當時匪已竊據大陸，舟山仍在我手中，我空軍已全部撤來台灣，匪空軍尚未見活動，僅上海匪軍擁有若干我方所遺留之高射砲。

5. 作戰經過

自七月初起，八大隊即以全部可用兵力 B-24 約廿架，以台南為基地對上述五目標區及其他地區執行攻擊，其中轟炸上海發電廠一役曾出動 B-24 九架分別攻擊上海區五個發電廠，投彈約廿噸，大部命中目標，予以極大之損失，轟炸使上海全市供電完全斷絕，此次攻擊甚為成功。轟炸南市碼頭、北站、廣播電台及洛陽橋等戰役共出動飛機十餘架次，予目標以相當之損害。以上諸戰役中，匪方僅在上海有輕微高射砲抵抗，我機全部安返。

6. 檢討

A. 匪每於我機轟炸後，即藉口誣我政府殘殺人民以掩飾其暴行及混淆視聽。

B. 我空軍能集中力量對有價值之目標全力予以損燬，此舉頗為成功。

C. 空中攻擊如不能配合以地面部隊行動，則其效果不大。

匪竊據大陸八年，其軍事力量迅速膨脹，尤其匪空軍在數量上顯居優勢，故我空軍今日作戰顯與過去不同，必須研究匪軍弱點重新策訂作戰方針，對三軍配合作戰之重要，原子武器之運用等必須多加注意，檢討過去，策勵未來，以完成吾人反共抗俄之使命。

● 王詔

作戰時級職：空軍第八大隊第三十三中隊少校中隊長
撰寫時級職：國防大學校聯戰系六期上校一級學員

作戰起訖日期：35 年至 36 年

一、概述

余於民國卅五年四月至卅六年四月，曾任空軍大隊第卅三中隊長職務。第八大隊係由第卅三、卅四、卅五等三個中隊所組成，裝備有中型轟炸機 B-24 機之轟炸部隊，直屬空軍總部，受總司令直接指揮。

自新四軍匪黨於蘇北叛亂伊始，余即奉命參加戡亂戰役，時部隊駐防上海，執行轟炸或偵察任務，二年間，曾先後參加蘇北、沂蒙山區、張家口、延安、東北諸戰役。

空軍第八大隊任務之派遣，乃直接承總司令命令行之，大都以轟炸匪後方戰略目標為著眼，對於第一線目標，甚少攻擊，故對匪後方破壞甚鉅，影響其戰力及心理上之威脅，定必很大。

在上述各次戰役之當時，匪方尚無空軍，防空火力亦不堅強，所以雖經若干次作戰，本隊則無損傷。

二、檢討

（一）匪軍

當時之匪軍既無空中兵力，當然無法制空，亦無空中支援以助長其叛亂行動，然匪仍賡續進行者，就空軍立場言概可分二點：

1. 掩蔽周密：匪之行動，均藉嚴密之掩蔽，使空中不易發現，而減少其損害。

2. 忍耐力強：每次作戰所投之炸彈，均為 500-1,000 磅者，其爆炸威力及其被彈面相當大，即所發出爆炸聲，亦足以震嚇欲聾，而匪共於每次投彈中的後，均為發現有動亂情況。

3. 防空火力：匪自叛亂初起直至東北戰役前，毫無對空防禦火力，以後雖有防空火力，其射擊高度，亦只有六千呎左右，且其技術經驗均極惡劣，故毫無效果。

（二）國軍

1. 協調不夠：國軍陸空協同作戰，在當時因為連繫不夠，造成許多空隙，而影響戰力匪淺。

2. 互相瞭解不夠：各軍種間之特性、活動範圍及其戰術運用，均各不同；因互相認識不夠，又兼本位思想較濃，致不能密切合作。

三、結論

就上述之檢討，關於匪方者雖已在共匪軍事研究中得以證明，但現實環境已有劇烈改變，除瞭解既得之經驗外，對匪空軍之發展，更應雖時注意研討。有關國軍以往情形，已經歷次聯合作戰訓練，均已革除淨盡，彼此已互相瞭解與合作，今後仍續努力，以完成我們復國建國第三任務。

● 黃飛達

作戰時級職：空軍第八大隊第三十三中隊少校中隊長
空軍第八大隊第三十三中隊中校中隊長
撰寫時級職：空軍第二聯隊政治部上校主任

作戰地區：河南、遼北、安徽、葫蘆島、京滬

作戰起訖日期：37 年 1 月 5 日起 39 年 6 月 26 日

戡豫東掃蕩、遼北之役、徐蚌會戰、轟炸重慶號叛艦、京滬戰略轟炸

一、概述

空軍第八大隊為中型轟炸機大隊，代號為北海大隊，於民國廿五年十月廿九日成立於江西南昌。

民國卅七年三月一日，本人為八大隊卅三中隊中隊長，大隊長為顧兆祥中校、副大隊長為張培義中校，後任大隊長張培義中校、副大隊長侯傑中校，編制裝備及指揮系統如附件表一、二。

二、作戰前之狀況

東北及華北地區山巒起伏，物阜財富，民性淳樸，工業發展，共匪乘日本投降初期即滲入上列地區，出沒叢林深山中打家劫舍，盜竊日本留下之輕重工廠設施，公然在俄帝豢養嗾使下阻撓國軍接收，發動公開叛亂，烽火燎原，震警世界，政府當局迫於無奈，明戡亂以期遏止禍患，以利戰後之建設。本隊在當時除擔任戰略性之任務外，並在戰鬥陣地直接作戰鬥支援，迨後京滬失守，我大軍撤退到台灣以後，本隊則對沿海各重要地區實施戰

略性之攻擊。

三、我軍作戰指導

本隊攻擊之主要目標為匪重要軍事設施、交通補給線及集結點，並於戰鬥陣地兼負殲匪之任務以支援地面部隊攻擊及防禦。

四、作戰經過

（一）三十七年一月五日至十二月十日，計轟炸通遼車站、蔡水、遼源鐵橋、宜川、河津、臨汾、東關、龍泉關、赤峰、馬各莊、喜峰口、遵化、睢縣、濮縣、榆次、南席村、太原、石家莊、濟南、彰武車站、遼源車站、錦州北部及西南部、長春東、後王莊、邳縣南方、李集、徐州外圍、碾莊火車站、衛家集、王家莊、運河鐵橋、睢寧、子孫廟、雙堆集、馮王等莊、蔡凹莊、黃土樓等、五戶、張集、蔣莊、河梢橋、周莊等。

（二）三十八年一月五日至十二月十八日計轟炸陳莊、宿縣東站、孔樓、魏莊、郭營、重慶號叛艦、洪家舖、鎮海縣前門砲兵陣地、定海大榭島砲兵陣地、上海閘北發電廠、石塘船隻、金門小登島、金山縣大石頭等、常州戚墅堰機車廠、寧波老江橋、金塘島、南通天生港船隻、當塗采石磯船隻。

（三）三十九年一月廿二日至六月廿六日計轟炸福州造船廠、上海華商電力公司、廣州黃沙車站、長汀機場。

五、戰鬥後狀況

（一）我方無傷亡。

（二）於平谷及豫東戰役中對匪軍陣地設施摧毀甚重；遼北戰役中對進攻匪軍陣地之摧毀及其補給線之切斷均極獲戰績，對我軍士氣之鼓舞亦大；於徐蚌會戰中對匪軍大小陣地猛施炸射，使匪軍只能晝伏夜出，尤其對匪補給線之切斷、交通樞紐之破壞、砲兵陣地之摧毀對匪威脅極大，每次射炸完成，被炸目標必然硝煙騰空，破壞無遺。

（三）對重慶號叛艦之轟炸，雖在匪強烈砲火抵抗中，仍將其擊沉於葫蘆島海面；對上海發電廠則已澈底將其摧毀，上海全市水電供應斷絕。

六、檢討

（一）共匪受俄帝豢養，首在晉中一帶流竄騷動，襲擊國軍部隊，劫奪武器，擴大叛亂，並在俄帝掩護下滲入東北接受俄帝裝備，以佳木斯、哈爾濱等地作根據地逐漸蔓延，滋擾地區阻撓國軍在東北接收，政府明令戡亂，期予狂妄匪徒以嚴懲，但匪徒有恃無恐，益使兇燄蔓延。本隊擔任對匪各種炸射任務，雖每次均能圓滿達成任務，獲致豐碩戰果，卒因匪徒妖言惑眾，並驅民作人海戰，我地面部隊受其蠱惑，而且眼見成千累萬同胞在砲火之下被犧牲，心有不忍，終於為其所乘。

（二）共匪竄擾京滬，我機晝夜出動掩護地面部隊攻擊，使匪徒雖在人海攻勢下亦難得逞，尤其匪徒在誇大宣傳效果上受我無情轟炸以後，暴露原形。匪徒竄入京滬後，我機對工廠設施猛予破壞，終使其無法安然攫奪，實對匪之嚴重打擊。

（三）我機作戰各階段，共匪防空設備低劣，我無地面敵情，顧慮制空權完全為我所控制，惟本隊飛機為戰略性轟炸機，所使用炸彈亦多為重磅型者，對匪後方設施及補給線之摧毀頗著功效，但用於陣地戰鬥地區對匪之殺傷則殊多浪費，且實際效果並不如理想。

附表一　空軍第八大隊重轟炸大隊編制裝備與實有兵力比較表

編制數		實有數	
空勤軍官	363	空勤軍官	
空勤軍士	306	空勤軍士	
地勤軍官	204	地勤軍官	
地勤軍士	434	地勤軍士	
士兵	155	士兵	
武器	B-24 型重轟炸機 36 架	武器	B-24 型重轟炸機 35 架

附記

一、人員數目因無詳確資料可查，從略。

二、實有兵力比較，武器為百分之九七．二，而人員數目未詳，從略。

附表二　空軍第八大隊指揮系統表

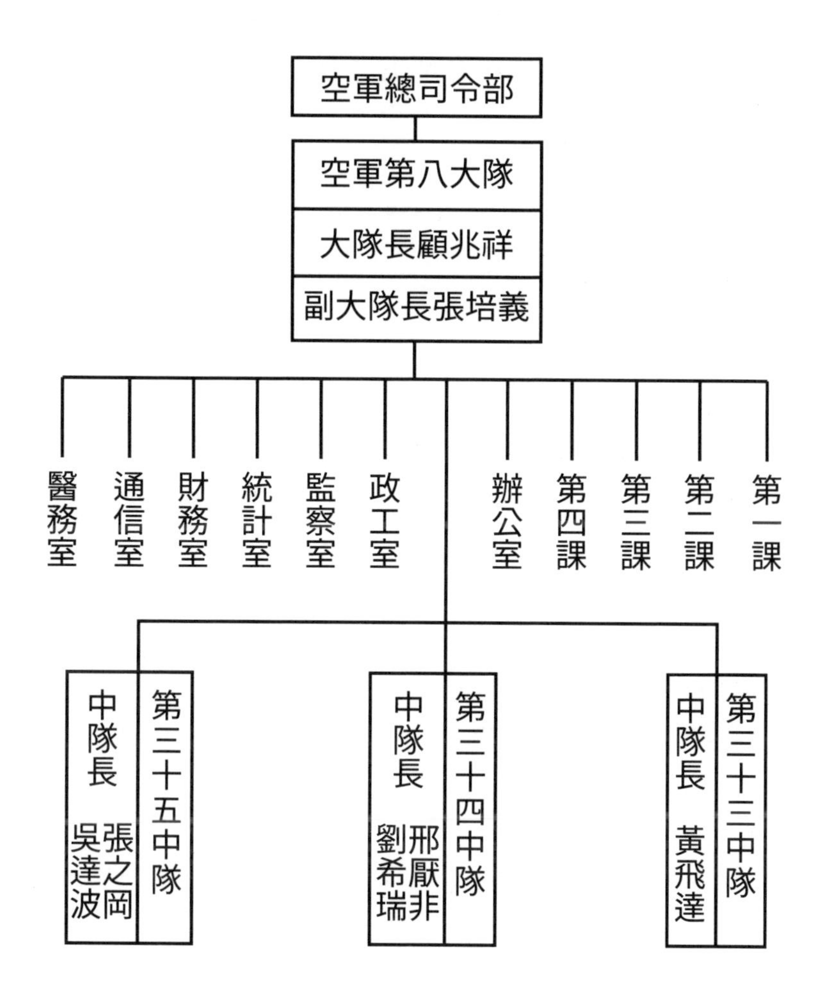

● 王健珍

作戰時級職：空軍第八大隊第三十三中隊上尉副中隊長
撰寫時級職：空軍總司令部主計署中校部屬員

作戰地區：江蘇如臯、海安

作戰起訖日期：35 年 7 月 23 日至 9 月 16 日

如皋海安戰役

一、概述

空軍第八大隊係 B-24 機大隊，於民國三四年在美受訓完成返國，駐紮於上海大場基地。該大隊之首次作戰任務，為對盤據如皋城內匪軍作致命性之攻擊。茲將陸空協同作戰之參戰部隊序列於後。

我陸軍部隊

第一綏區	李默庵
整四九師	王鐵漢
整六五師	李　震
整八三師	李天霞
整二五師一四八旅	廖敬安
整二一師新七旅	黃伯光
整六九師九九旅	

我空軍大隊

第五大隊	鄭松亭
第八大隊	王世籜
第十大隊	衣復恩

二、起訖日期

三十五年七月廿三日

三、作戰前之狀況

抗戰勝利後，共匪阻擾受降，破壞交通，擴充地盤，蘇北奸匪張鼎丞部更利用停戰協定，乘我不備突襲泰興，企圖威脅京滬，我為確保京滬安全及綏靖地方計，乃對該匪進剿。

四、我軍作戰指導

1. 方針

我為確保京滬安全，逐次肅清蘇北匪部之目的，以有力一部由泰縣，主力分由南通、靖江，向如皋、海安之匪進剿。

2. 部署

（甲）以整四九師（欠一〇五旅）由白蒲，整六五師（欠一五四旅附九九旅）由靖江，分向如皋攻擊前進。

（乙）以整八三師（欠一九旅）由泰縣沿泰海公路東進策應。

（丙）以駐南京之空軍第五大隊 P-51 機輪番偵炸掃射。

（丁）以駐南京之第十大隊必要時空投補給。

（戊）以駐上海之空軍第八大隊必要時作毀滅性之轟炸。

五、戰鬥經過

我陸軍方面

1. 四九師十六日由白蒲分兩縱隊攻擊前進，當晚攻佔林梓，十七日克丁堰、韓家莊、顧家莊。十八日正擬前進之際，圖遭由黃橋方面竄來匪第一師一部、新六師全部、第七縱隊四個團圍攻，激戰至十九日晚，右翼二六旅及師部陣地為匪突破，乃向顧家莊轉移集結固守。二十日一〇五旅由白蒲趕到，與匪相持至二十三日晨，匪以傷亡奇重，而我六五師亦進抵賀家壩，夾擊之勢已成，遂狼狽竄去，我於二十三日進克如皋。

2. 整六五師方面，十七日由靖江向如皋攻擊，十八日克黃橋，二十一日克搬經鎮，嗣以泰如公路兩側匪軍藉既設工事頑抗，乃南旋迂迴。二十三日午克賀家壩，斯時四九師正面匪感受側面威脅，遂全線北潰，我軍協力追擊，當晚亦進入如皋城。

海安戰鬥

1. 七月三十日我以六五師由如皋，整八三師由姜堰，分向海安攻擊，八月一日克曲塘。我六五師摧毀海如公路沿途匪之頑抗後，一舉攻佔海安，一部攻佔李堡。八月十日我一〇五旅與新七旅換防之際，匪突以三萬餘眾向李堡圍攻，激戰至十一號，我以傷亡過鉅，向如皋突圍，沿途復遭截擊，僅少數到達，同時我新七旅由海安開李堡，行抵立法橋附近，亦遭優勢匪伏擊，激戰全晚，全部覆沒。
2. 匪擊破我一〇五旅後，復乘虛前竄，八月二十一日以二萬餘圍攻丁堰、林梓，我交警第七、第二總隊及二六旅之一團與之激戰至二十二日，卒以眾寡懸殊，傷亡重大，乃向白蒲轉進。
3. 八月二十五日，六九師之九九旅為策應林梓之作戰，由黃橋開如皋，八時行抵分界附近遭匪伏擊，激戰徹夜，匪我傷亡均重。二十六日匪復加兵力重重包圍，更番猛撲，迄二十七日我軍彈盡糧絕，全部犧牲。

4. 八月卅日匪集結新一師全部及新六師一部，約十個團兵力圍攻海安。斯時我守軍僅六五師直屬隊及一六〇旅共約七千餘人。九月二日匪以主力分向我城外據點鳳山廟及西門外街陣地猛撲後，除鳳山廟失守外，匪終不得逞。嗣後復增新六師三個團，附山、野砲十二門，迫擊砲六十餘門，於六日晚向北城垣四面猛撲衝鋒達十餘次，均為我擊退，是役匪傷亡三千餘。七日以後匪復增第五師之一部逐日向我局部擾襲，圖消耗我戰力，惟我每日均能獲空運補給，迄十四日我友軍迫泗陽，援軍抵如皋，匪主力遂相繼隱去。我連日出擊，十六日殘匪不支，分向北潰，海安之圍乃解。

我空軍方面

1. 七月二十三日晨空軍第八大隊奉令準備 B-24 機三架，每機攜帶五百磅爆炸彈十八枚，待命出發，為保守機密，當時未宣佈目標，此為八大隊之首次開始作戰任務。大隊長王世籜下達命令於飛行管理室，命余（三十三中隊副中隊長）率分隊長韓錦桐組、李華良組轟炸盤據如皋城內奸匪，友軍已三面重重包圍（東、南、西三面），攻城之戰方酣，注意勿傷及友軍，為慎重及避免偏差起見，採用可能之低空投彈（投彈高度三千呎），此為八大隊最近距離之一次任務。起飛越長江即到達目標地，先行通過一次，伏瞰有無布板信號之鋪設，余決定由三百六十度為進入航路，並選定投彈進入點，第一次試投一枚（因無敵情顧慮，違犯投彈原則）尚無多大偏差，再次進入，依規定間隔連續投下，並攝取彈著照片返航，轟炸後煙灰衝天，高達數丈，因飛行高度低，震幅波及飛機上下震動不已，為顧慮友軍安全，不得已之苦衷。

2. 南京基地空軍第五大隊及第十大隊任務情況，述不多贅（略）。

六、檢討

1. 我軍進剿時，重視城市之得失，未能將匪主力予以擊破，嗣後分散防守，行政配合不妥，貽匪以各個擊破，招致重大損失。
2. 蘇北匪化甚深，故匪之情報靈活，行動自如，我軍則每有盲目作戰之感，常貽匪以集中兵力襲擊我軍一點之機會。
3. 陸空協同作戰，聯繫上尚欠密切，仍沿用布板通訊方法，似屬落伍，匪徒無空軍協助作戰，多利用夜間及惡劣天候施行攻擊，人海戰術及機動更為其慣用法寶，我軍收復區愈廣則兵力愈分散，未能迅即組訓民眾為我所用，殊為遺憾。

● 李華良

作戰時級職：空軍第八大隊第三十三中隊上尉分隊長
撰寫時級職：空軍作戰司令部上校三級連絡官

作戰地區：蘇北

作戰起訖日期：35 年 7 月

蘇北戰役

民國卅五年秋初我第一次奉命參加戡亂戰役，當時共匪竄踞蘇北，我空軍奉命對匪巢如皋、海安等地予以轟炸，頗收良好戰果，惜是次戰役為時短暫，即行停止。

我第二次參加戡亂乃在民卅八年秋間，大陸撤退來台以後，我空軍對匪區上海、晉江等地之發電廠、船塢、橋梁設備執行轟炸，予以極大之破壞。

我在此二戰役中均服務於空軍第八大隊，親身參與，故對當時作戰經過印象特深，惟以事隔日久，復無完整之紀錄可資查考，僅能就記憶所及述其梗概耳。

1. 日期

   民國卅五年七月某日。

2. 地點

   轟炸蘇北之如皋及海安二地。

3. 部隊狀況

   擔任作戰部隊為空軍第八大隊，駐於上海大場機場，此次出擊為該大隊首次參加戡亂戰役，該大隊裝備 B-24 轟炸機約卅五架，該機新接收自美國，性能頗為優良，空勤人員俱在美國經嚴格之訓練，故戰力甚為充足。前任大隊長徐康良上校，當時任大隊長者為王世籜中校，我當時服務於該大隊卅三中隊，任上尉分隊長職。

4. 作戰前狀況

當時共匪竄踞如皋及海安城區，在城郊與我軍對峙，其時在戡亂初期，尚未有大規模之地面戰事，且匪方當時無飛機，我空軍行動不受阻撓。

5. 作戰經過

七月某日下午五時，我機隊奉命轟炸如皋及海安城以配合我地面部隊作戰，是次共出動 B-24 三架，自大場起飛攻擊上述目標，大部炸彈均命中，惟經此次轟炸後我機即未繼續出擊，據以後獲悉該地區戰事仍在持續中。

6. 檢討

A. 以當時我地面部隊力量，若能與空軍作戰妥為配合，不難一舉攻克二地，此次作戰顯未注意陸海空之協同。

B. 空軍出動兵力過少，對目標未予有效破壞前攻擊不應停止。

匪竊據大陸八年，其軍事力量迅速膨脹，尤其匪空軍在數量上顯居優勢，故我空軍今日作戰顯與過去不同，必須研究匪軍弱點重新策訂作戰方針，對三軍配合作戰之重要，原子武器之運用等必須多加注意，檢討過去，策勵未來，以完成吾人反共抗俄之使命。

● 張培義

作戰時級職：空軍第八大隊第三十四中隊
少校一級中隊長
撰寫時級職：空軍戰術空軍協同作戰訓練班
上校一級教育組組長

作戰地區：綏遠省集寧地區

作戰起訖日期：35 年 8 月 12 日至 9 月 16 日

集寧戰役

一、概述

民國三十五年八月上旬奉命自上海大場空軍基地率空軍第八大隊所屬之空軍第三十四中隊空勤人員六十五員，地勤人員五十員，B-24 重轟炸機六架飛赴北平駐防南苑機場，參加集寧戰役。

二、作戰前之狀況

集寧介於歸綏大同之間，當平綏鐵路中樞，為北出庫倫之孔道，農產頗饒，商業亦盛，為綏遠東部第一重鎮。

奸匪為欲清通延安至東北之走廊，乃於三十五年八月上旬，以賀匪龍為總指揮，下轄姚喆與聶榮臻部，共約有匪軍二十四個旅、二個團、三個縱隊，另外附有日人一千五百名，向我大同發動全面攻勢。國軍除固守大同外，我北平行轅以十一戰區李宗仁部隊向冀東，並以十二戰區傅作義部主力約有兵力九個師、兩個騎兵縱隊、兩個旅，另外尚有一個戰車隊、一個砲兵隊，向集寧實行東西夾擊，復以東北兵團轉用於察省以行策應，期於解大同之圍後，相機捕捉共匪主力於集寧而殲滅之，期能收復張垣，打通平綏路。

三、我軍作戰指導

集寧攻擊軍：董其武軍長指揮新三一師、暫十七師及暫十一師之一部，附砲十六門，於九月一日開始行動，務於五日拂曉攻破卓資山之匪而佔領之，孫蘭峯副總司令指揮綏北騎兵隊，於九月一日自武川經陶林向東攻擊，務於五日拂曉前，相機襲佔集寧城垣，並以主力攻略豐鎮，以解大同之圍，並相機捕捉共匪主力而殲滅之。

空軍方面：空軍以第四大隊之戰鬥機 F-51 型及第三中隊 B-25 型輕轟炸機，擔任進攻軍之一般支援及密接空中支援之任務，空軍第三十四中隊 B-24 重轟炸機除擔任對友軍之支援外並作空阻絕任務。

四、作戰經過

九月一日我暫三軍由歸綏開始行動，五日克卓資山，八日抵達集寧西郊，十日攻城外重要據點多處，一部突入城內，迄十一日晚遭遇匪之主力部隊增援反撲，國軍在惡劣情況下激戰兩晝夜，暫十一、十七兩師與匪陷於混戰狀態，我新三一師乃以斷然之行動迂迴側擊，此時經陶林之騎兵第十一、第十四兩縱隊，已先於五日佔領大土城子，迫近集寧西北郊，又由歸綏以南挺進之三五軍及新騎四師，亦於五日分別克復田家鎮五里壩，越卓資山到達集寧外圍，十四日乃發動全面總攻勢。空軍第三十四中隊於十二日出動 B-24 三架轟機集寧城內匪軍固守之陣地，收獲良好戰果。十三日出動 B-24 四架轟炸城內匪軍固守之據點數處，於轟炸後即行收復。於十四日出動 B-24 六架轟炸匪軍陣地與固守據點，炸斃匪軍頗多，在空陸協同作戰之下，以雷霆萬鈞之勢，一股攻克集寧城。

五、戰鬥後狀況

戰鬥期間 B-24 轟炸機與空地勤人員均無損失。

六、檢討

集寧之戰我軍企圖心旺盛，能大膽抽調兵力，攻擊匪之要點，以能攻其所必救，為勝利之關鍵，其可供參考者有如下五點：

（一）指揮官卓越，部隊行動迅速。

（二）空陸協同良好，尤以 B-24 轟炸機投彈準確，每機均攜帶 500 磅炸彈十二枚，爆炸威力強大，又能命中所選定匪軍目標物，給匪軍之傷亡頗大，士氣大受影響，為其敗退之原因。

（三）騎兵能確實發揮其特性，迅速增援。

（四）對匪情之偵察殊得要領，能確知明瞭敵情。

（五）民眾組織健全，軍民合作良好。

● 張培義

作戰時級職：空軍第八大隊第三十四中隊
少校一級中隊長
撰寫時級職：空軍戰術空軍協同作戰訓練班
上校一級教育組組長

作戰地區：察哈爾省張家口地區

作戰起訖日期：35 年 9 月 20 日至 11 月 9 日

張垣（張家口）戰役

一、概述

民國三十五年九月二十日奉命自上海大場空軍基地率領空軍第八大隊下屬第三十四中隊空勤人員七十員、地勤人員五十二員，B-24 轟炸機六架，飛赴北平駐防南苑機場。

二、作戰前之狀況

張垣為察省省會，握長城南北交通孔道，為平綏、張多兩鐵路之交點，東接承德北平，西通綏包，北連多倫。張庫公路直達庫倫，東洋河由綏境經此南流平津，形勢險要，誠熱察綏之心臟，塞外軍事政治經濟中心，西北國際交通之孔道。

奸匪聶榮臻部，自竊據張垣後，不斷擾襲冀東，進攻平漢北段，威脅平保。匪軍兵力為熱察野戰軍區聶榮臻部隊，下轄第一野戰軍賀龍部一個師、三個旅，第二野戰軍蕭克部兩個縱隊、兩個旅，及冀熱遼軍區李運昌部五個旅、綏蒙軍區兩個騎兵旅，另附四個縱隊同新六旅與教導師。

我軍為打通平綏路，鞏固北平，澈底摧毀匪熱察綏根據地起見，乃以第十一戰區孫連仲部三個軍及第十二戰區傅作義部三個軍、一個騎兵集團及東北兵團杜聿明部三個軍，空軍第四大隊、空軍第一大隊之第三中隊與空軍第三十四中隊對張垣進攻。

三、我軍作戰指導

北平行轅以收復張垣，打通平綏路，鞏固華北，遮斷共匪國際路線之目的，以一一、一二兩戰區主力，分沿平綏路及其兩側地區，東西併進，向張垣攻擊，以東北兵團策應張垣攻勢，並遮斷匪北竄退路，將匪包圍而殲滅之。空軍以第四大隊之驅逐機F-51 型及第三中隊 B-25 型輕轟炸機擔任進攻軍之一般支援及密接空中支援之任務，空軍第三十四中隊 B-24 型重轟炸機除擔任對友軍之支援外，並作空軍阻絕任務。

空軍第三十四中隊 B-24 轟炸機六架，到達北平南苑機場之當日，即開始作戰之準備。

四、作戰經過

十月二日出動 B-24 轟炸機四架，轟炸懷來火車站與匪軍陣地及工事設施，收獲優良戰果，除將車站與路軌澈底破壞不能使用外，並將聶匪準備甚久之堅固工事摧毀大部。十月三日出動B-24 轟炸機五架轟炸宣化火車站，將車站澈底摧毀不能使用。十月五日出動B-24 轟炸機三架轟炸懷來附近匪軍堅固陣地數處，均直接命中澈底破壞，收獲良好戰果。十月八日 B-24 轟炸機兩架轟炸張北匪軍軍事設施，是日即收復張北。十月十、十一兩日共出動 B-24 轟炸機十二架次轟炸張垣城內火車站及八十餘處匪軍軍事目標，均能直接命中，收到澈底摧毀之效果。張垣於十月十二日收復。十月十四日 B-24 轟炸機兩架轟炸下花園之敗退匪軍，斃匪甚眾。

五、戰鬥後狀況

戰鬥期間損毀 B-24 主輪兩只，前輪一只，其他人員與飛機無損傷。

六、檢討

北平行轅能督勵一一、一二兩戰區以最大兵力向張垣迅速攻擊，出敵意表，此次戰役首次使用 B-24 轟炸機轟炸匪軍，該機火力凶猛，威脅性頗大，又能投彈準確，給匪軍與軍事設施極大之破壞，並能適時適切的協同作戰，後勤準備周到，官兵士氣旺盛，皆為此次戰役之優點。

● 王健珍

作戰時級職：空軍第八大隊第三十四中隊中隊長
撰寫時級職：空軍總司令部主計署中校部屬員

作戰地區：陝西延安

作戰起訖日期：36 年 3 月 14 日至 19 日

延安戰役

一、概述

民國三十六年三月十四日空軍第八大隊大隊長顧兆祥率領三三中隊長水建磐、三四中隊長王健珍、三五中隊長張之岡，計 B-24 十二組人員大編隊，由上海大場基地出發，作遠程戰略性轟炸任務，攻擊延安匪巢。

二、起訖日期

民國三十六年三月十四日至三月十九日

三、作戰前狀況

民國三十五年迄三十六年初，匪徒不顧信義，違反三次停戰協定，囂稱將發動「西北攻勢」，我政府為伸張威信，安定人心，勢須提師先制，主動征剿。尤以匪竊據延安，潛稱赤都垂十三年，為匪政治、經濟、文化中心，發號施令，胥賴於此。我軍在政略上攻佔陝北，摧毀其神經中樞，對國際視聽與全國各戰場之軍心民氣，皆有一新耳目之感。陝北原屬貧瘠荒漠之區，人民生活困苦，經匪十餘年之盤據，在匪「對內無處不嚴密」之組織原則下，人民受其欺矇，毒化已深，而監視亦更週密，故國軍之行軍宿營與作戰，能借助於民眾者較少，須時時警覺，多方設法爭取。

四、我軍作戰指導

（甲）指導要領

1. 靈活運用陸空聯合作戰，妨礙匪軍跨黃河東西之兵力轉用，打擊匪主力集結。
2. 攻擊開始前，寧夏及陝北方面，各以有力部隊對三邊及安定方面，行牽制攻擊，策應國軍之作戰。
3. 區分左右兩兵團，並各以一部為第一線，以主力為第二線，第一線兵團應以步、工兵編組多數攻擊群，於空軍及砲兵掩護之下，奮勇突破匪之陣地，並繼續貫穿其縱深。第二線兵團應跟進佔領，遇匪頑強抗戰，由第二線兵團迅速前進作翼之延伸，將其包圍殲滅。
4. 匪如企圖以延安為核心，吸引我之主力，而以其主力分由兩側包圍我軍時（即用口袋戰術時），則第二線兵團應以一部分作正面拒止，主力突破一點，對敵作反包圍而殲滅之。
5. 各兵團於日沒前，不論攻擊奏功與否，均應以主力就已佔領據點，築工事固守，並以小部隊對匪行夜襲。
6. 各兵團之工兵，應隨部隊之進展，修築公路一條。
7. 另派隴東兵團，於攻擊開始前，以有力部隊編組多數縱隊（以營為單位），深入敵後行突擊，以策應主力軍作戰。佯攻時，盡量利用欺騙手段，擴大番號，並揚言先攻保安、直羅鎮後，再攻延安。

8. 西安綏署新聞處，應編組多數黨政工小隊，隨部隊前進，迅速恢復政權肅清奸黨，組訓民眾。

（乙）兵力部署

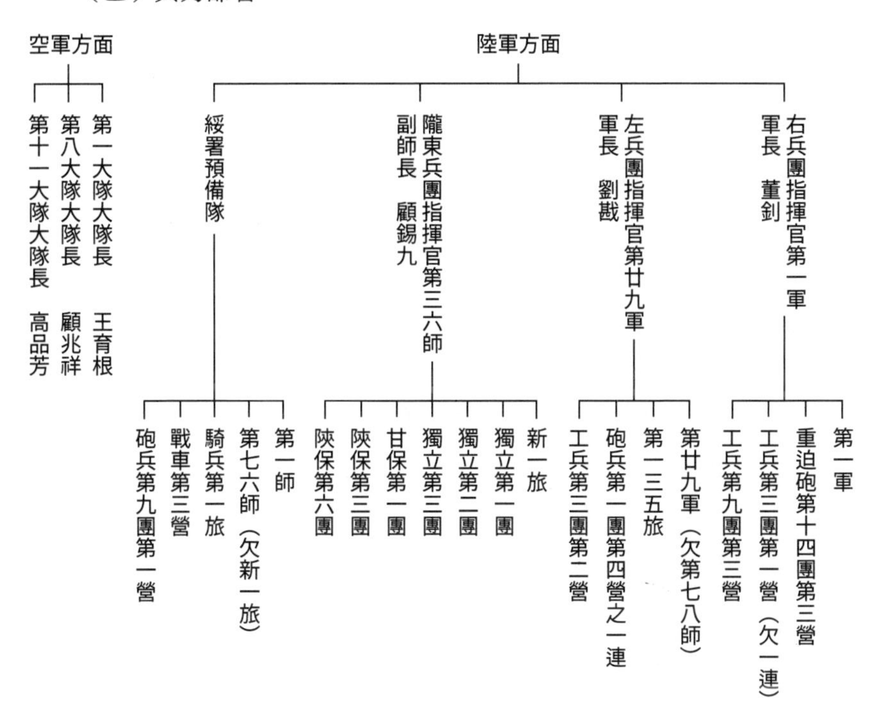

五、戰鬥經過

三月十四日拂曉，B-24 機十二架由大場基地起飛，目的地延安，沿途天氣晴朗，十一時卅分到達目標上空，各機依規定目標投彈，余組轟炸機場南端山下一倉庫，第一次試投一枚，因轟炸航路適為高山遮蔽，瞄準迫促，彈未命中，超越目標，第二次進入未投彈，斯時上空 B-24 機較少（多投彈完畢），應轟炸員請求，變更進入航路（恐互撞，係規定進入航路），選由開闊航向進入，俾轟炸員從容瞄準，經連絡修正後，連續投下，命中目標，折返鄠縣降落。至於第一大隊及第十一大隊之任務情形，恕不多贅（略）。

我陸軍右兵團以第二十七師、第一師為一線，於平陸堡－英旺－龍泉鎮地區發動，向臨真鎮－劉村－舊治城攻擊，匪依伏地堡壘之堅固工事，抵抗頗為頑強，迄十五至十八時，始先後攻佔西瓜要險－岳家寺－標家台以北高地之線，左兵團十二時佔領茶坊，十五時克鄜縣。

三月十五日，由鄠縣出發 B-24 機十架，目標仍為延安工事設施，作癱瘓性之攻擊，我陸軍右兵團進佔臨真鎮－董家台等地，左兵團攻佔北山及榆林橋。

三月十六日，天氣晴和，部分 B-24 機仍攻擊延安重要目標，另一部 B-24 機攻擊綏德及瓦窰堡等地，我陸軍右兵團奮勇攻擊金盆灣，P-47、P-51 輪番轟炸掃射匪陣地，卒於十六時許克金盆灣，匪向北潰竄。左兵團主力續向板橋攻擊，於十四時許攻佔單腰梁高地之線，並攻佔道佐鋪，向麻子街方向追擊。

三月十七日，第八大隊 B-24 機轟炸安塞－米脂等地，我右兵團進展至孫家砭以北東西之線，左兵團攻佔窰店子－東岳山，因匪之抵抗猛烈，陣地堅固，全線進展甚微。

三月十八日，第八大隊未出動，我軍右兵團攻佔楊家畔高地、娘子廟以南高地，匪主力向金沙鎮潰退，左兵團攻克勞山陣地。

三月十九日，根據情報，匪積結數旅，似圖反擊，然我軍士氣高昂，攻擊精神旺盛，進展神速，於午前八時許第一師第一旅之突擊隊首先攻入延安，第一六七旅攻佔寶塔山，七八旅攻佔燉兒山，第九十師於十五時攻克清涼山，左兵團八時許攻戰大小勞山，續湫雁山攻擊，匪軍望風披靡，十七時攻佔三十里鋪，我空軍八大隊續炸安定、綏德等地。

三月廿日至廿四日，將右兵團集結於延安以東及以北地區，左兵團集結延安以南地區，稍事整頓後，仍令第一軍以原建制向安塞攻擊前進，因軍糧補給關係，於三月廿四日拂曉，向安塞攻擊前進，遭匪輕微抵抗後，於十八時許佔領花樓溝、安塞之線，匪軍主力以向瓦窰堡方向，一部已向保安方面退卻，迨廿五日我軍主力歸返延安集結。

六、檢討

（甲）我軍

（一）優點

1. 迅速祕密：國軍於攻擊前集中迅速，行動祕密，由最捷徑直搗匪巢，措手不及，於其主力未集結之前，即佔領延安，收政戰兩略之效。
2. 避堅攻弱：國軍主力保持於右翼，迂迴於勞山陣地側背，使匪數年來構築之堅固工事，不能澈底發揮其作用，試戰術「避實攻虛」之奇妙運用。
3. 兵力澈底集中：國軍之攻擊，兵力能澈底集中，使匪無各個擊破之機會。
4. 陸空協同良好：國軍攻擊前及攻擊中，空軍及兵團間之協同，甚為良好，促使戰鬥進展迅速。
5. 鑽隙包圍：對匪工事力避強攻，而編組突擊隊鑽穴包圍，此於戰鬥時間之縮短、損耗傷亡之減輕、匪軍精神之威脅，收效甚多。

（二）劣點

1. 情報不靈：由於情報人員過少，情報經費不足，加以匪封鎖嚴密，以致無法深入匪區，廣事蒐集，上級亦僅能依賴無線電測向及空軍報告，因而指揮困難，部隊之行動，亦常如盲人瞎馬。
2. 補給欠週：補給機構不健全，輸送力缺乏，兵站之補給欠靈活，故致攻佔延安後，因部隊缺少糧彈，不能即時移於追擊，捕捉匪軍於戰場而澈底殲滅。其次，未能控置大量工兵部隊隨軍前進，適時修築公路，此亦影響補給之又一原因。
3. 友軍不協同：攻擊中兵團間之步調不齊，兵團間各部隊之行動亦各行其是，影響所及，致戰鬥力量分散，潰竄之匪軍不能澈底肅清。
4. 行政機構未能隨軍推進：國軍於進佔一地區後，因行政機構遠隨後方，或倉卒未及組成，對流亡之撫揖、民眾之組織、潛匪之肅清等工作，無法開展，使軍隊之行動，增加許多困難。
5. 地形限制：高台地溝渠縱橫，矮林遍佈，地漠人希，道路絕少，晴則紅塵蔽天，雨則泥濘難行，影響官兵精神肉體之疲勞者不小，限制作戰之行動者尤鉅。
6. 攻擊成功未能排除萬難及時追擊，不予匪以喘息之機會，其戰果當更圓滿，所惜當時迷於現狀之滿足，在延安停留達一週，誠屬失策。
7. 控制點線使用之兵力過大：攻佔延安後，各城市及交通道留置之兵力，將及總兵之半，減弱兵團力量，影響爾後之作戰行動者不小。

乙、匪軍

（一）優點

1. 情報封鎖嚴密：匪利用其統制力量，操縱其基層組織，密切配合軍事，作「面」的掩護與封鎖，致國軍對之行動，迷糊不清，捉摸不定，影響部隊之指揮者至鉅。

2. 補給靈活：匪因無充分之軍需物資及整然之補給系統，故採用小後方制度，攜帶給養及村落補給，較為簡便確實，增加部隊之靈活性不小。

3. 空室清野澈底：陝北原已人煙寥寂，匪復利用其地方組織，將僅有之「人」與「物」等可資利用之力量全部撤離，使國軍行動之區渺無人跡，致行軍宿營作戰發生極大之困難。

4. 黨政完全支持軍事：匪作戰區一切組織機構之設施，均以作戰為總目標，凡有利於作戰者，無不全力以赴，確能作到「軍事第一」、「一切為前線」之理想。

（二）劣點

1. 匪軍判斷錯誤：匪軍因受國軍佯動欺騙，判斷錯誤，誤認隴東必有重兵，故注意於國軍左翼兵團方面之防禦，授國軍以可攻之罅隙。

2. 匪軍之裝備較差，匪軍編制雖亦屬三三制，但其裝備方面較為落伍，除一部日式裝備者外，餘多為雜牌武器，戰力較弱，無法配合其優越之地形與工事，發揮高度之防禦力量。

● 邢厭非

作戰時級職：空軍第八大隊第三十四中隊少校中隊長
撰寫時級職：空軍總司令部總務處上校處長

作戰地區：豫東黃泛區

作戰起訖日期：37 年 6 月 26 日至 7 月 10 日

豫東戡亂作戰詳歷及心得報告

（一）豫東會戰概況

一、卅七年六月下旬匪酋陳毅趁我魯西國軍增援開封之際，率六個縱隊為主力（一、三、四、六、兩廣、快速等縱隊）越隴海路南竄睢陽、杞縣地區配合劉伯承一部，總兵力約卅萬之眾。六月廿五日我軍第二兵團第五軍克復開封，同日區壽年兵團七二師（余錦元）及七五師（沈澄年）亦克復陳留，廿七日續向陳留以南睢杞一帶掃蕩，豫東會戰由是開始。

二、廿八日我軍攻佔睢杞一帶地區，無激烈戰鬥；廿九日陳匪置三、八、兩廣等縱隊於杞縣以東及東南阻止我第五軍東進，並以其主力一、四、六、快速等縱隊於睢縣地區將我七二師及七五師包圍，發生激戰，雙方死傷慘重。六月卅日至七月一日，我第五軍續由杞縣向東前進，匪全力阻止，七二師及七五師亦與匪酣戰。七月二日我區兵團之廿五師（黃伯韜）由商丘西進攻佔睢縣東北帝邱店，即遭匪主力圍困，七月四日睢縣西北我七五師陣地被匪突破，全師被匪消滅，但七二師及廿五師仍於睢縣西北帝邱店等地區與匪激戰，頗有損失。在此期間，余係任八大隊卅四中隊中隊長，駐防南京，承副總司令王（叔銘）將軍之命協同由鄭州指揮所指揮之一大隊、十一大隊、十大隊混合編成之出擊部隊，整日出動炸射匪軍，死傷至為慘重，四日止匪死傷逾萬人。時劉匪伯承、陳匪賡之一部經朱仙鎮向陳留以東竄泛，陳匪毅一部由杞縣東北向杞縣以北竄犯，企圖共同包圍我駐杞縣之第五軍，我駐開封之劉汝明兵團乃向陳留及其以東地區掃蕩，我駐商水及周家口一帶之十八軍亦向太康附近地區移動。七月六日我第五軍由杞縣向北轉進，劉兵團進佔太平崗後改向陽堌集方面前進，睢縣以北地區陳毅匪部畏我側擊，乃於六日晚（七日晨）棄圍北逃，我七二師乃解圍，隨即跟蹤尾擊，陳匪殘部狼狽逃竄，當遭我機猛襲，死傷遍地。

三、七月八日陳匪一、三、四、六、兩廣、快速等縱隊經民權內黃附近地區向東北方向逃竄，第五軍跟蹤追擊，空軍是時曾出動機群猛襲，匪損失慘重。七月九日，陳匪所部潰至曹縣地區，向定陶方向北竄，我第五軍已進抵白茅集、桃園一帶地區，我四十七軍已向民權方向前進，迄七月十日陳匪已分股竄至東明及定富東北附近地區，我空軍於東明附近及黃河岸發現匪軍及木船數十隻，曾連續轟炸黃河各渡口以配合地面追擊兵團以殲匪軍。

（二）空軍作戰概況

豫東會戰自六月廿五日至七月十日之間，本軍出動約三百餘架次，士氣極為旺盛，均有必勝之信心。余所率領者為B-24 型轟炸機，如副隊長黃飛達，分隊長梁德明、胡振祥，分隊附石順成均當時同生共死的戰友，每次奉令駕機出擊，莫不精神振奮，圓滿完成任務。參考有關資料及個人記憶所及，此次戰役匪軍被我空軍炸之傷之數總在一萬六、七千人以上，馬匹百餘匹，車四五輛，木船十餘艘，陣地擊毀百餘處，余參加此次戰役倖蒙上級頒發六等雲麾勳章一座及甲種光華獎章一座。

（三）戰役之檢討

A. 我空軍方面

一、對匪集結部隊及後方彈藥庫營區，我軍能準確澈底炸射，並於發現良好目標時立即呼叫徐、鄭兩基地待機起飛之各機，集中火力會同澈底攻擊，以擴收戰果。

二、各兵團之陸空連絡電台均能於機群臨空之際迅確提供情報指示目標，各部隊對空布板信號亦能及鋪設，飛機所投之通信袋均能迅確送達，故陸空連絡密切良好，裨益作戰至鉅。

三、我機在空中均能適時直接協助地面部隊攻擊及適時大編隊集中轟炸匪軍陣地，不獨能振奮地面部隊士氣，且極為配合地面作戰部隊發動攻擊，擴張戰果之需要。

四、戰鬥人員思想堅定，戰志高昂，故乃能在指揮官卓越之運用下發揮最大戰力。

五、六月廿六日至七月四日之間戰事日趨激烈，雙方反復包圍，勝負未決，七五師被圍殲，第五軍未能衝破匪陣救援，當此之際，我空軍於四日起集中會戰全部可用兵力，大批出動實施轟炸，主宰戰場，經數日不斷攻擊，匪已不能在戰場立足，於六日晚全面潰敗，分股敗逃，是為我空軍在會戰中之特點。

B. 匪軍作戰方面

一、匪軍富於機動行動迅速

1. 如六月廿八日我邱兵團自魯西馳援開封，甫行攻克，而陳匪主力縱隊即乘隙越我軍先頭通過隴海路南竄杞睢一帶及陳留西南地區。
2. 六月廿七日我 72D、75D 掃蕩睢縣時，陳匪主力迅即集結於睢縣附近，完成對我軍包圍狀態。
3. 我第五軍七月七日由杞縣北上向東迂迴時，睢縣附近地區匪軍知態勢不利，迅即棄圍北竄。

二、擅長運用分別包圍各個擊破戰術

匪軍在睢縣以北地區將我 72D、75D 包圍，更於杞縣以東及東南地區構築堅強工事阻我第五軍東進，使我軍形成兵團分割聯絡中斷，爾後復將被圍之 72D、75D 所佔領地區再行分割包圍，以大吃小各個擊破，終至 75D 處於不利態勢下被匪逐一解決，而 72D 一部亦被擊破。

三、忽視空軍威力

豫東戰場約廿公里，匪軍當時在此仄狹地區集結卅萬大軍，最易受我空中攻擊，而匪未能注意及此，使我空軍得以捕捉有利目標澈底攻擊，匪因之傷亡慘重，我軍因得以獲優異之戰果。

四、使用人海戰術

匪於豫東戰場集結兵力卅萬，圖以優勢兵力求主力決戰消滅我第五軍，但其裝備條件不夠，乃採殘酷之人海戰術補救，以致死傷遍野，逃散日眾，終於潰敗。

（四）匪軍今後戰法之演變

匪軍在大陸能擊敗國軍而終獲勝利絕非僥倖，實有其完整戰術思想與戰鬥方式，吾人根據豫東戰役及歷次戰役血的體驗與教訓以及近年來匪軍的變動，判斷匪軍今後在戰法之趨向如下：

一、匪軍經韓戰之經驗及近數年之整備，吾人可窺見已由輕裝備之步兵戰演進至陸軍諸兵種聯合作戰。

二、匪空軍之建立頗為積極，裝備上擁有俄式米格型，海軍之建立雖較緩，但艦艇之種量亦日漸發展，今後必將以三軍聯合作戰姿態出現於戰場，而匪軍係仰俄帝國鼻息採用俄式裝備，故亦必承襲俄軍之軍事思想，採用其戰略戰術乃無疑義。

（五）我軍未來反攻大陸作戰形態

吾人瞻望未來反攻大陸戰爭，如果在第三次世界大戰爆發情況下，我軍能獲得盟國配合作戰，初期當以登陸戰、空降為主，漸次進入縱深掃蕩作戰，此項作戰必須以游擊戰配合正規戰以求永遠保持主動打擊匪軍。我們應把握重點不在少數重要城鎮之爭奪或某一地區的得失，而在爭取主動造成全面攻勢或戰局以拆散敵人的主力，並殲滅其新生力量。匪軍可能在沿海地區逐次抵抗，沿用持久消耗戰略指導作戰，以求苟延殘喘，如僅由我獨力發動反攻大陸戰爭，而我軍係以寡擊眾，故必須把握大陸多仰望國軍重返之民心，善為運用臨陣起義之匪軍，以滾雪球方式，即我軍愈前進而力量愈壯大，這樣戰法我們必須研究。尤有進者，今後作戰應充分建立攻勢作思想，因為只有攻擊猛打，有進無退，堅決追求勝利才是唯一克敵致果的途徑，我空軍在戡亂戰役中均有極高昂之士氣，從事協同地面有軍聯合作戰，今後在反攻的艱巨戰爭中，自必能運用目前已有的新式裝備、新式武器，在反攻的行列中發揮三軍聯合作戰的力量，共同殲滅當前的頑敵。

● 劉希瑞

作戰時級職：空軍第八大隊第三十四中隊中校中隊長
撰寫時級職：空軍總司令部作戰署航務組上校一級組長

作戰地區：徐蚌地區

作戰起訖日期：37 年 10 月 10 日至 38 年 1 月 13 日

徐蚌會戰

本中隊——空軍第三十四中隊，直隸於空軍第八大隊，裝備飛機為 B-24 中型轟炸機，每中隊 12 架，在美完成訓練接機返國後，自三十五年八月起，即經常參加戡亂作戰，諸如：蘇北、魯東、延安、石家莊、臨汾、黃汎區、東北各地及錦州瀋陽等戰役，雖不能自我宣揚戰果輝煌，但由於士氣高昂，技術精到，飛機情況良好及空中優勢之完全在握，故每次任務，均能完滿達成——大部均有轟炸成果照片為證。

此次徐蚌會戰，本部隊係以全力支援友軍，對匪軍及其重要設施等予以轟炸，轟炸地區計包括：邳縣、徐州外圍、王山鎮、大許家、新安鎮、碾莊、雙溝、大王莊、南平集、馬家樓、蕭縣、大回莊、李莊、鄒莊、雙堆集、五戶張集、蔣莊、宿縣、呂荒、周官莊、小泰莊、魯樓等地區，兵力運用係由大隊集中各中隊飛機統一指揮，基於指示，適應戰況，而適切分配兵力，對任務之執行，均能按預定計劃實施，使用炸藥為 250、500、1000 及 2000 磅等型，轟炸隊形、投彈方法依目標性質形狀大小而選用，轟炸成果，均稱良好。

匪軍對我地面部隊之作戰，依情況顯示，多為重層包圍，面的配備，在該面形地帶，大部隊分數線包圍，每線均無大兵力集中，我空軍之空中轟炸，雖可直接命中目標，予該目標區匪軍以重大損失，但我轟炸兵力有限，不能完成地毯式之轟炸，致對全般之戰局，似無決定性之影響，故我空軍雖盡全力以赴，仍無法達成對整個戰局預期之成果。

在我軍言，陸空協同尚稱良好，如空地連絡、布板信號以及目標指示等，大部均能按協定使用，且連絡亦多確實，惟通話繁多，不合保密之要求。

依據我陸軍要求之空中支援及當我機臨空時對飛機要求之情況言，陸軍對空軍之期望，似屬過大，其自身能力可以達成之任務，均希望空軍予以轟炸支援，如此浪費兵力，逸失時機，不僅無獨力戰勝信心，亦不能利用空中轟炸之成果，猶憶戰役將屆結束，全戰局已趨無法挽回時，本部隊參戰人員，莫不以自己雖盡全力，已完成賦予之任務，而仍不能有助於全般戰局之痛心惋惜。

基於此次經驗與教訓，各軍種固應相互支援密切聯合作戰，而各軍種各部隊，自身應負之任務，尤須努力遂行，力求自力完成之，否則聯合變為依賴，縱使單一軍種，少數部隊完成其任務，亦不能發揮其成效，仍難免招致全局之失敗也。

● 劉希瑞
作戰時級職：空軍第八大隊第三十四中隊中校中隊長
撰寫時級職：空軍總司令部作戰署航務組上校一級組長

作戰地區：上海地區

作戰起訖日期：38 年 5 月 14 日至 18 日

上海保衛戰

本中隊之編制、裝備、戰力以及兵力運用方式——大隊集中各中隊之飛機統一指揮，仍同徐蚌會戰時期，無變更，駐地初在原基地大場，後隨戰況轉移至江灣機場，以迄至撤守。

就上海地區所見，一般軍民情況，均不穩定，甚而趨於紊亂，匪之各方滲透，到處潛伏，煽惑民眾，製造是非，動搖我軍心，瓦解我戰志，真是無所不用其極。

當大場機場及其附近地區地面警衛部隊於夜間全部撤守後，本部隊及上級指揮機構，均毫不知情雖經本部隊於翌晨發覺後，立即據實報告為於江灣機場之指揮者，而仍未能即時得到完全之置信，情況混亂，情報斷絕，戰地各級指揮機構，依此情況，以運用部隊，如何能操勝算，殊令費解，由此一局部遭遇之情況看，似已可算定戰局之命運。

經一再報告，方命本部隊轉移至江灣機場，孰料於轉移時，最後一架飛機甫行離陸，匪砲彈即命中跑道，如此情形，以 B-24 機性能之運用言，尚能保全人機，可算僥倖之至矣。

本作戰之轟炸目標，為新鎮、太倉與月浦張宅等地之匪軍，使用炸彈多為 500 磅爆炸彈，隊形均為單機，目標雖均直接命中，而戰果未獲知悉，此次作戰，無陸空連絡，無空地協同。

本次作戰，情況不明，如盲人瞎馬，情報失實，大場機場B-24機幾遭全燬，由於友軍間缺乏情報連繫，地面守衛部隊撤離後，而被守衛者尚不自知，似此情況，自不易堅定作戰人員對戰局能操必勝之信心。總統說：「戰爭是雙方精神力的搏鬥，戰爭的勝敗乃由精神力佔優勢的一方獲得。因此戰敗者不一定是遭受損失最大的一方，而是由於其軍隊官兵士氣消沉，信心喪失，以為其本身已無戰勝希望的一方。……」在此短短之上海保衛戰中，可深感此訓示之深切了。

● 劉希瑞

作戰時級職：空軍第八大隊第三十四中隊
中校三級中隊長
撰寫時級職：空軍總司令部作戰署航務組上校一級組長

作戰地區：舟山地區

作戰起訖日期：38 年 8 月 26 日至 39 年 5 月 8 日

舟山外圍戰

本中隊駐地隨大隊駐地之搬移，由上海大場遷至台灣新竹，編制裝備與徐蚌會戰時期間，無變化。惟新竹跑道道面長度與硬度不敷使用，出動基地臨時改用台南，此一措施，固較在原基地為良，而對作戰支援、飛機維護與人員調配等，則難發揮具有之效能，尤其同樣因跑道長度硬度之不足，致使本部隊 B-24 機一架載彈起飛時衝出跑道失事，機燬人亡，殊值痛惜。血的教訓，可為基地設施之重要，以及應與使用機種相配合之另一明證。

此時期匪對我空軍之心理作戰，主要為對我空軍之廣播宣傳，我方亦以擴大宣傳反制之，將每一任務與服行人員姓名公諸報端，一改前此密而不宣之方式，以堅定我戰志，鼓舞我士氣。

本作戰之轟炸目標為大榭島與金塘島之匪砲兵陣地，寧波城東老江橋之交通阻絕，及溫州石塘灣集結之匪船，使用炸彈多為 500 磅爆炸彈，使用兵力多以單機行之，各次任務均完成，轟炸成果數次曾由舟山指揮台告知良好。

轟炸任務實施，除事前計劃與任務提示外，並於到達舟山地區附近時，受舟山地面指揮台之指揮，對任務重分配，目標再指定，以及重要情況通知說明，都作最後指示，執行任務頗為順利。

本戰役，就 B-24 機言，關於計劃訂定、兵力使用、目標分配、時間配合，以及前進指揮所之前線指揮，均稱適宜，惟基地設施與後勤支援，不能配合 B-24 之作戰。

● 梁德明

作戰時級職：空軍第八大隊第三十四中隊少校副中隊長

撰寫時級職：空軍第八大隊上校大隊長

作戰地區：上海

作戰起訖日期：39 年 1 月 7 日至 3 月 14 日

上海戰略轟炸

一、概述

空軍第八大隊為中型轟炸大隊，代號為北海大隊，於民國廿五年十月廿九日成立於江西南昌。

民國卅九年一月大隊長張培義中校、副大隊長李肇華中校，前任大隊長顧兆祥中校、副大隊長侯傑中校，後任大隊長李肇華中校、副大隊長水建磐中校。編制裝備及指揮系統如附表一、二。

二、作戰前之狀況

上海為我國第一大都市，交通便利，工廠林立，商賈雲集，為全國經濟之中心，且因位居黃浦江口，又為大陸與海外運輸之樞紐，至飛機場、造船廠、電力廠等均規模宏大，設備完善，極具軍事上之價值，我統帥部為使共匪不能安然統治並利用其各方面之潛力，乃決定對該地區作戰略性之攻擊。

三、我軍作戰指導

本大隊攻擊之重點在於工商業區及交通設施，目的在使其社會秩序紊亂，工業及交通陷於癱瘓狀態，無法予以利用更不能支援軍事。

四、作戰經過

（一）元月七日出動 B-24 五架轟炸浦東船塢及招商局機器廠。
（二）元月十一日出動 B-24 八架轟炸與七日相同之目標。
（三）元月廿五日出動 B-24 十二架轟炸上海各碼頭及匪船。
（四）二月六日出動 B-24 十四架轟炸上海電力公司及閘北水電廠。
（五）二月廿一日出動 B-24 五架轟炸閘北電力廠。
（六）三月十四日出動 B-24 十二架轟炸龍華機場。

五、戰鬥後狀況

（一）我方無傷亡。
（二）炸燬匪軍艦一艘、輪船兩艘、拖輪兩艘、木船廿餘艘，重創碼頭二處、電力廠二處、水廠一處、機場一處，使匪水電供應斷絕，影響工廠停工，物價上漲，市場混亂不堪。

六、檢討

（一）當時匪進據上海不久，社會秩序尚未恢復，一切措施毫無頭緒，所面臨許多之行政技術困難問題已感無法解決，今又遭受此慘重打擊，更無恢復繁榮之能力，使共匪幼稚無能之真面目完全暴露於人民眼前，此點我方在政治上可謂頗有所獲。

（二）共匪進據上海之初，本擬運用高壓手段攫取各大工業之控制權，進而控制所有商業運輸，今受破壞形成未蒙其利先受其累，大有得不償失之痛，此點在經濟上可謂成功。

（三）我機進襲時，共匪防空方面等於毫無準備，僅有若干高射砲火作無效率之射擊，此點在軍事眼光看我方所選擇之時機可謂恰當。

（四）此役本大隊出動兵力有限，而能獲致預期之戰果，此皆歸功於當時轟炸任務較多，積有經驗人員技術訓練有素，經常均保持良好之水準所致。

附表一　空軍第八大隊重轟炸大隊編制裝備與實有兵力比較表

編制數		實有數	
空勤軍官	363	空勤軍官	
空勤軍士	306	空勤軍士	
地勤軍官	204	地勤軍官	
地勤軍士	434	地勤軍士	
士兵	155	士兵	
武器	B-24 型重轟炸機 36 架	武器	B-24 型重轟炸機 35 架

附記

一、人員數目因無詳確資料可查，從略。

二、實有兵力比較，武器為百分之九七·二，而人員數目未詳，從略。

附表二　指揮系統表

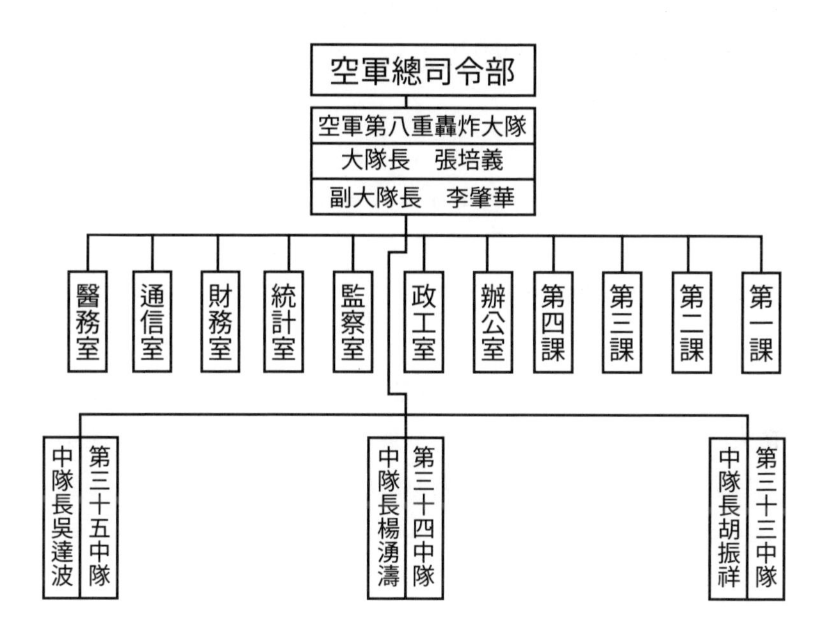
空軍總司令部
空軍第八重轟炸大隊
大隊長　張培義
副大隊長　李肇華
醫務室
通信室
財務室
統計室
監察室
政工室
辦公室
第四課
第三課
第二課
第一課
第三十五中隊
中隊長吳達波
第三十四中隊
中隊長楊湧濤
第三十三中隊
中隊長胡振祥

● 葉雲喬

作戰時級職：空軍第八大隊第三十五中隊少校中隊長
撰寫時級職：國防大學校上校一級學員

作戰地點：蘇北區

作戰起訖日期：35 年 10 月 1 日至 36 年 12 月 30 日

剿匪作戰詳歷心得報告

民國三十七年，國民大會通電全國，動員戡亂，九月濟南已告失陷，情勢日趨緊張，東北、華北、蘇北、豫北等處，匪勢尤為猖獗。時本人任中隊長職，參加蘇北戡亂之役，隨時出動 B-24 型飛機，迭次轟炸東台、高郵、仙女廟、興化、鹽城、阜寧等地。

時本人經常領隊，率機群六架出動任務，飛六千公尺高度，攜帶炸彈十枚，每枚重二百五十公斤，到達目的地上空後，作單機飛航線，各機依次投彈。單機投彈可利用投彈後敵人動亂之時間，再度投彈轟炸，造成敵人多受傷亡，擴大戰果，故經常採用單機輪流投彈，在轟炸東台中學敵軍事目標一次中，曾使敵死傷數千之眾。因我轟炸機群經常出動，且一得情報，即找尋目標，投彈轟炸，予敵人傷亡及物資毀損外，對敵心理威脅亦甚重，故敵人白天不敢行動，惟利用黑夜活動。

然敵人諜務人員，到處展開宣傳戰，擾亂地方，搖惑民眾等影響極大，於受轟炸時，疏散藏匿，行動相當迅速，隱避亦尚確當，故我機轟炸時，必須倍加注意，此為本人在當時所得實際印象。

我空軍情況特殊，於作戰時，經常待命出動，惟於機場中研判敵方情報，根據命令選擇重要軍事目標，予敵重創，並頻頻出動，以威脅敵軍作戰心理，此實為空軍之任務。現在回憶，雖印象甚深，但在全般戰爭史中亦無過多之心得可述矣。

● 張之岡
作戰時級職：空軍第八大隊第三十五中隊中校中隊長
撰寫時級職：空軍軍官學校政治部上校一級主任

作戰地區：碾莊圩

作戰起訖日期：37 年 10 月

碾莊圩之戰

一、作戰前之狀況

民國卅七年冬，黃伯韜兵團在徐州東北向魯南進勦山區之匪失利，後向徐州撤退，期與駐徐之邱清泉部會合，受阻於碾莊圩。

二、作戰計劃

黃伯韜兵團繼續向西，駐徐州邱清泉兵團派部分兵力向東夾擊碾莊圩附近之匪，期於碾莊附近會師而解黃兵團之圍，空軍集中駐防京滬一帶之兵力協助此次之作戰。

三、作戰經過

黃伯韜兵團於作戰失利向徐州轉進時，距徐州守軍最近時僅廿餘里，徐州守軍不能適時出擊，予黃兵團以有利支援，致使匪軍得以增援固守碾莊一帶地區，終對黃兵團形成包圍之勢。雖經空軍之全力支援，對碾莊一帶匪陣地施以全面轟炸，而邱清泉兵團並未利用空軍之攻勢作有效之出擊以殲滅匪軍並解黃部之圍，經兩星期之戰鬥，黃部終被消滅。作戰期中之某日邱部訂於下午一時開始攻擊，至下午三時於投彈後低飛視察時，發現邱部最前線之士兵尚袒胸於戰壕中曬太陽，毫無出擊現象。

四、檢討

（一）徐蚌會戰失利為大陸撤守之重要關鍵，而黃伯韜兵團之被消滅，又為徐蚌會戰失敗之遠因，而黃部之敗則由於邱部救援之不利。

（二）據聞邱與黃素不睦，雖受命前往解圍而並未誠心相助，果爾則高級將領因個人恩怨而坐視作戰失利，殊為可惜。

（三）空軍之威力雖大，而因飛機之留空時間與所攜武器有限，故其攻擊之持續力甚為短暫，故地面部隊指揮官應適時利用空軍攻擊中所給予敵方之破壞力與震撼力以發動攻勢，期獲最大戰果，如不能適切利用空軍之戰果，則等於空軍兵力之浪費。

（四）空軍密切支援地面部隊作戰時，受支援之地面部隊應有空軍作戰管制單位以正確指導空軍之攻擊目標，反則彈落他處雖有戰果而未能適合時機，情同於浪費空軍兵力。

（五）戡亂戰爭中因匪無空軍，我方空軍得以全力支援地面部隊之作戰，今日匪已有強大之空軍，一旦反攻戰爭開始，我方空軍之目前兵力實難給予我地面部隊以同樣密切支援之兵力，故我地面部隊之指揮官不可過份依賴空軍之支援，並應時刻講求防空之措施，期以減低匪空軍對我之損害。

● 吳達波

作戰時級職：空軍第八大隊第三十五中隊中校中隊長
撰寫時級職：空軍技術局航空實驗研究團
中校一級額外研究員

作戰地點：南京、太原、北平、瀋陽、定海

作戰起訖日期：36 年 7 月至 39 年 5 月

南京、太原、瀋陽、北平、定海等戰役

（一）概述

抗戰勝利伊始，空軍第八大隊全部由美訓練完成回國，卅四年九月即進駐上海大場基地，正式成立，下轄卅三、卅四、卅五，三個中隊，大隊設有一、二、三、四課及政治、監察、軍醫三室，卅八年又增編統計、通信兩室，編制空地勤人員共約一千七百餘人，裝備飛機 B-24 卅六架。但因當時人員不足，每中隊只有編制人數約百分之八十五（均四百人），全大隊共約一千五百餘人，飛機除 B-24 36 架外，另由十四航空隊接收 C-87（B-24 改裝運輸機）四架，直屬空軍總部指揮。第一任大隊長為前任空軍副總司令徐康良中將，第二任大隊長為洪養孚，第三任大隊長為王世擇，第四任大隊長為顧兆祥，第五任大隊長為張培義，第六任大隊長為李肇華，第七任大隊長為水建磐，第八任大隊長張之岡，此為四十年年底，本人亦即奉命調離卅五中隊中隊長職務矣。

（二）作戰前之狀況

抗戰勝利之初，俄共為實現其赤化世界陰謀，在我國各地扶助共匪叛亂，侵我主權，阻我接收，我最高當局，為因經長期抗戰，民生凋零，且又礙於種種內在與外在不利條件所迫，乃不得已委曲求全，以期收拾殘局，重整山河，故於卅五年初與匪於美國出面調停之下，舉行政治協商會，但共匪刁頑狡猾成性，對協商毫無誠意，此不過施展其「和平共存」緩兵之計的一貫慣技而已。卅五年終，談判破裂，共匪即於華北、東北、西北及蘇北等地，大舉蠢動，襲擊我國軍，政府不得已乃下令全面清剿，當時匪軍不過三、四十萬人，且裝備惡劣，又無海空軍兵力，我方則擁有三百餘萬精兵，裝備優良，尚有海空軍輔助作戰，以此對比，何啻以石擊卵，其操勝左卷在我必矣。

（三）我軍作戰指導

卅六年夏，共匪在東北大舉進攻我瀋陽、長春及四平街等重鎮，在西北犯我太原東重要據點臨汾。七月中旬第八大隊及奉命以三分二之兵力（B-24 18-22 架）由上海進駐北平南苑基地，支援我軍作戰，遍炸匪軍東北、華北、西北等重要據點及交通補給線，但主任務仍在於支援長春、瀋陽、錦州、北平、太原等保衛戰。無奈戰事逆轉，不能挽回頹勢，長春、錦州、濟南等重鎮相繼失陷，北平吃緊，遂於卅七年十二月初奉命將北平兵力移駐南京，全力支援徐蚌會戰及南京保衛戰。卅八年四月初旬，徐蚌會戰復失利，京畿撤守，隨即將大部兵力移駐台灣，僅留三分一兵力駐上海支援上海保衛戰，直至五月底，上海告急，然後全部撤退台灣。此後以台灣為基地，仍繼續不斷轟炸京、滬重要工業設施，如上海各電力廠，龍華大場江灣機場，黃浦江內輪船、叛艦以及無錫、戚墅堰修理廠等均大部摧毀，但主要目的為支援舟山及金廈保衛戰。

（四）作戰經過

由卅六年七月第八大隊奉命進駐北平，支援東北、華北、西北各戰區起至卅七年十二月初止，全大隊出擊架次，雖無資料可稽，但就本人計，即出動五十餘架次，以每次攜五百磅爆炸彈十枚計算（平常每次掛 500# 殺傷彈或爆炸彈 10-12 枚或掛 1000# 一個 5-6 枚），即投彈達一百二十餘噸，其餘京滬、舟山、金廈等地區保衛戰亦共出動五十餘架次。此其中雖有很多次遭遇敵高射砲火猛烈射擊，有部人員飛機為破片所擊傷，但均能安全返防，達成任務。惟有卅九年五月十一日夜襲匪上海大場基地，李大隊長肇華等十員座機為匪高射砲火直接命中空中爆炸起火墜毀浦東，全部壯烈為國殉職。

（五）戰鬥後狀況

在歷次戰役中，因我方缺乏敵後情報，故無切實戰果詳情，僅憑轟炸戰果照片判斷，就本人所記憶者，以東北戰區卅六年八月十日轟炸遼源車站，十七日轟炸濰南鐵橋；卅七年五月一日轟炸通遼車站，十二日轟炸通遼兵工廠，十一月一日轟炸瀋陽彈藥庫，二日轟炸瀋陽倉庫，七日轟炸瀋陽兵工廠等，均全部直接命中，使匪蒙受重大損失。華北戰區以卅七年六月十四日轟炸東西龍虎莊，八月廿三平谷戰役轟炸平山，擊破匪犯唐山及北平之企圖，兩地得以固守，尤以東西龍虎莊一役，次日我方專機派人現地調查，據報拾獲槍枝一萬兩千餘枝，屍横遍地，此亦得立於投共傳作義情報確實之功耳。西北戰區卅七年四、五月份，匪圍太原東重要據點臨汾，威脅太原，故連續對汾陽外匪軍猛炸，使臨汾延長固守四十七天，穩定太原戰局。卅七年十二月至卅八年四月中旬徐蚌會戰（南京保衛戰）連續不斷轟炸碾莊（黃伯韜兵團）、雙堆集（黃維兵團）及陳官莊（杜聿明、邱清泉、李彌、孫元良一部）我據點外圍匪軍，致使南京得以延長撤退時間，惜其中有十八天連續雨雪紛飛，無法出擊支援，而致杜聿明所部糧盡彈絕，全軍覆沒。四月底南京即告撤守，長江內我海軍艦隻亦相繼反叛，我機即奉命轟炸，炸沉十餘艘，逾兩月上海亦告淪陷。十月廿九日澈底破壞戚墅堰火車廠，卅一日轟炸吳淞浦東一帶輪船，經我情報證實，炸沉千噸以上輪船三艘，幸得獎金銀元三千元，卅九二月六日猛炸上海美商、閘北、南京等發電廠，據估計破壞百分之六十以上，使上海變成黑暗世界，影響匪工業生產不淺。

自京、滬相繼失陷後，我國軍華東主力即退守舟山定海，作為爾後反攻之跳板，故第八大隊主要任務亦即改為對定海保衛戰，經常轟炸定海大陸對岸匪軍據點，其中以卅九年五月五日對定海南面約數千米桃花島一役，使定海轉危為安以至於撤退。

（六）檢討

綜觀自六年七月起，東北、華北、西北各戰役以至於卅八年初徐蚌會戰，京滬失守定海撤退，歷次出擊，本人均未曾遭遇匪空軍出現，故對匪空軍戰法無由知之，但對匪陸軍之戰法「運動戰」及壕溝戰（陣地戰）確屬優良，如卅七年十月中旬錦州戰役，我范漢傑兵團全部被殲，即為一例。十月以前匪我本來於瀋陽西北法庫、康平、新立屯數十里弧形一帶成膠著狀態，匪屢欲犯瀋陽而未逞，相持年餘，我方瀋陽駐有重兵卅餘萬人，而匪於十月中旬竟繞過瀋陽，集結重兵攻打錦州，不旬日，范漢傑兵團全部瓦解，其本人亦被俘，使整個東北及華北戰局為之改變，我方事先一無所悉，可見匪運動之迅速神祕。其壕溝戰術在東北時候，多為之字或蛇行形狀，對空軍之轟炸仍能易於較重打擊，及至徐蚌會戰時候，其壕溝已進步為蚯蚓鑽土及佛手形狀，對空軍之轟炸，危害甚少，況且日則層層圍困，夜則挖土鑽穴，我軍各地之被圍困殲滅，多因於匪使用此兩種戰法之故。此外匪軍慣用之政治戰（宣傳戰）法，主動攻擊，以小吃大，敵來我退，敵退我追等戰法確有優良之點，回顧我們到處被動，被圍困而致被殲滅，違背戰爭原則，值得警惕究討。其次至於匪軍情報以及反情報等工作之優良，無孔不入，乃舉世所週知者，我們情報工作，更是望塵莫及，孫子云：「知己知彼，百戰百勝」，是故要戰勝，必先要知己知彼，要知己知彼，便要靠切實情報，回憶我們過去剿匪三年，以數百萬優良之眾，對匪數十萬裝備惡劣之徒，結果斷送整個大陸，確開戰爭史上先例，其失敗因數故多，忝信以不知己不知彼，甚至既知己又知彼，而不加以研討改進對策之失敗因數為最重要，今後我們惟欲反攻復國，捨此而外其豈有更甚者乎，吾人應當隨時提高警惕，研討改進，然後反攻復國有望焉。

第十一大隊

● 高品芳
作戰時級職：空軍第十一大隊中校三級大隊長
撰寫時級職：空軍總司令部督察室上校一級副督察長

作戰地區：陝西省

作戰起訖日期：36 年 3 月

延安會戰

前言

經驗是寶貴的，許多戰略戰術之精進，便是由於研讀戰史得來，尤其當前反共抗俄的戰爭，我們更要檢討我們血的教訓，才能策訂萬全的方策，而不重陷已往之錯失。

戡亂作戰中，我的職務是空軍大隊長（卅五年春迄卅七年秋），爾後我調任總部的作戰情報處處長（徐蚌會戰迄京滬轉進），亙全期之作戰，加以空軍「海闊天空」之特性，幾乎重要戰役我都參與，而且流了血汗。然而「夢也似的一場」！我們有著裝備精良、訓練有素、居於絕對優勢的部隊，竟被窳弊的共匪所擊敗，往事雲煙歷歷在目，回憶盡陷入痛苦中，每一念及輒抱無涯之憾。由於我是一個空軍戰鬥員，僅將陸空協同作戰之一隅摘錄一、二，略供參考。

軍事行動弛緩

卅五年春匪一面利用政治協商，藉和談為掩護，一面在晉冀魯豫邊區向國軍展開突襲。作戰時余率部初返國門，即奉命接受裝備參加該方面之作戰，以新鄉、鄭州、開封為基地，每日四出偵炸，惟以所攜彈藥有限，及匪利用晝伏夜出戰術，致殺傷有限，戰果不顯。於是我開始留心我們的地面部隊，發覺他們都是駐防狀態，高層軍官生活糜爛，對剿匪無積極企圖，致外少敵情報告，內乏戰備警覺。不久整編軍第二師在蘭封被突殲，永年被圍，年以繼月的飛機去投糧和轟炸，愈是天氣惡劣，愈要求飛機出動要多。匪突擊部隊已衝破新鄉機場的一角，我們駐在附近的主力部隊，尚不能及時救援，幸匪目標暴露，賴我空軍集中的攻擊打退來襲之匪。開封機場也這樣危急，一次地面部隊撤入城內，飛機獨立肅退來襲之匪。於是我對這個戰爭有了進一步的認識：

1. 共匪已能利用面的戰術來孤立戰場，拘束和消耗我們的兵力，利用組織戰、滲透戰來迴避正規戰，它們的行動詭祕和機動，致每使我們的行動陷於被動。
2. 我們的高級將領對於軍令的執行不澈底，作戰準備不積極，戰場間或部隊間缺乏協同連繫，捕捉匪兵的野戰行動過於弛緩。
3. 戰場上極少飛機攻擊之有利目標（匪部隊、輜重、倉庫），空軍單獨的每日四出偵炸，僅是片斷的鳥瞰戰場情況，並不能予匪以嚴重的打擊，相反的我地面部隊似對空軍過度的寄予依賴，以為是更遠程的砲兵，可以消滅匪軍的戰力，遮掩匪軍對我們的襲擊，這實是「警犬」式的哨戒，談不上陸空協同的作戰。

一、一般情況

延安乃匪赤都，為一切活動之中心，且密邇西安，威脅我黃河作戰線之後方根據地。國軍於三十六年三月初旬，決以一舉攻略陝北匪巢，肅清黃河西岸匪軍之目的，澈底集中優勢之兵力，由宜洛間地區直搗延安。在空軍協力下，以二個整編軍及二個師約十萬人，分三路前進，當面匪軍總三個師、十三個旅共七萬人，雖地形崎嶇，但進展順利，雖有小據點之抵抗，經空軍攻擊即為排去，於攻擊發起之第六日延安遂告克復，匪向綏晉邊區竄匿。

二、作戰經驗

（一）陸軍之作戰

陸軍主力分別組成左右兩兵團自正面向北攻進，另以隴東兵團分組數個小部隊，深入敵後，以行擾亂策應作戰。自三月十四日開始攻擊前進，雖道路均破壞，受地形、地雷之障礙及匪軍之節節抵抗，但無激烈戰鬥，均能按預定計劃佔領攻擊目標，迄第六日我先頭部隊之 90D、1D 已勝利進佔延安。

（二）空軍之作戰

空軍以協力陸軍攻佔延安之目的，於西安附近集結三個大隊之兵力，在攻擊開始四日前，已將道路網、地形照相及匪動態偵察明確，前三日集中轟炸延安城郊軍事設施，於開始之直前亙全戰役，主力直協攻擊軍之作戰，以一部監視黃河渡口及敵後動態。余每日率部低飛活動，我軍先頭部隊之前為友軍搜索敵情，排除前進阻礙，除見茶房及金盆灣稍有激戰外，餘均小部隊的展開，順利的前進。我看到我軍士氣之歡騰，我感到陸空協作戰之容易和理想，但自晉南作戰以來，我深感這個友軍部隊之過度注意集結優勢兵力，忽略機動與旺盛之企圖心，始終未見到捕殺匪之有生力量，而引以為憾，始未料及便這樣的各自保存實力而種下互不支援終至同歸覆滅的禍根，該是何其恨憾。

三、戰役檢討

（一）匪軍行動詭祕，情報封鎖嚴密，使國軍對其動態模糊，無從探得其主力，致使指揮官失卻判斷依據，部隊行動常有盲人瞎馬之感。

（二）我大軍實行正規主動作戰，使匪無招架之力，只有「空室清野」，預先潛逃。

（三）我軍攻擊之直前及攻擊中，陸空協同作戰實施甚為圓滿，空軍支援火力適切，促使戰鬥進展迅速。

（四）工兵能力不足，排除前進障礙緩慢，致部隊益欠機動。

（五）無山地訓練及輕巧裝備，致不能緊密追迫匪及與匪軍保持接觸，與永立於主動之地位。

（六）未能利用空中補給之便利，對匪實施窮追，迫匪無喘息機會。

結論

一、基於以上所述可以窺知，歷次戰役雖然情況不同，運用各有巧妙，而國軍備多力分，統馭無能，致予共匪以可乘之機，以有優良訓練與裝備之部隊而敗於共匪烏合之眾，實乃吾輩將領之奇恥大辱。今日撰述此項戰史，雖形勢已非，頗有明日黃花之感，然懍於未來反攻責任之艱鉅，實非確聆悟匪我實況，尋出其行動規律，以為反共之對策不可。匪之慣用戰法，蓋有下列各端：

（一）匪軍作戰以消滅有生力量為其最高作戰之目的。

（二）以大吃小為其作戰指導最高原理。

（三）以先包圍後突破，「尤以各個擊破」，為其作戰之手段。

（四）以圍點打援方法爭取主動支配戰場。

（五）將我各個戰鬥體完成包圍後，則用一點兩面戰術，以收夾擊之效。

（六）以靜的口袋戰與動的奔襲戰，來達成伏兵戰的目的。

（七）來襲時以鑽隙之戰法滲入，以包圍夾擊之戰法破敵，最後用人海戰術收完全殲滅之效。

二、朱毛匪軍其武裝之建立，均係俄帝所卵翼扶植，尤以空軍為然。美前空軍參謀長范登堡將軍形容得最為明確，「共匪的空軍一夜之間變為強大」，可以想像它的來源。現在他的數量已較我大為優勢，至其戰法自然亦是襲取俄帝的衣缽，過去它們是著重戰術空軍之使用，今日俄帝工業及空軍雖較往昔為進步，但其附庸國戰力戰術之表現不致離脫二次大戰之型態。故今後之反共戰爭，是立體戰爭，戰爭初期匪必大量使用空軍制壓我空軍以爭取戰場之自由，然後轉移兵力於直協作戰，而我今後之陸空協同作戰，亦無疑是首在主宰戰場之制空，然後努力阻絕戰場，至於直協將僅限於攻擊行動。蓋空軍是攻勢武器，往日大陸時代哨戒式使用不可能重演於將來，未來的三軍聯合作戰怎樣發揮共同的戰力，時應及早注意及之。

三、總統訓示我們：「要戰勝共匪就必須要明瞭共匪所用的一切方法，而且要用他的方法來制裁他」，我們研讀戡亂戰史便是這個道理。綜觀共匪的：「一個拳頭主義」、「不打無準備無把握的仗」、「一點兩面」、「圍點打援」、「鉗形奔襲」、「麻雀黃蜂」，這一套戰法，實際上亦並無甚麼詭譎奧妙的地方，亦不過是兵家所謂，「戰爭的目的是殲滅敵人的武裝力量」、「迅速勇敢的取得攻勢才是守勢作戰中最重要的一點」、「多算勝，少算不勝」、「十則圍之，倍則分之」、「使敵前後不相及，眾寡不相恃，卒離而不集，兵合而不齊」的殘餘，變變花樣而已。只要我們高級將領能認清生死的道理，嚴懍失敗的教訓，在戰場上確守「主動」、「機動」、「攻勢」和「知彼知己」的戰術原則，則戡亂戰爭的勝利終必是屬於我們的。

● 高品芳

作戰時級職：空軍第十一大隊中校三級大隊長
撰寫時級職：空軍總司令部督察室上校一級副督察長

作戰地區：陝西省

作戰起訖日期：36 年 10 月至 11 月

榆林保衛戰史

一、一般情況

榆林東拒三晉，北控綏包，西扼甘寧，為晉陝綏寧邊區之唯一重鎮。國軍收復延安後，共匪失卻重心，對此要衝不惜一再晉犯，企圖據有，重整西北心臟。三十六年十月下旬匪趁我守軍兵力薄弱（22A 直屬部隊及 83B 一部），彭匪德懷復率精銳部隊十個旅，猛犯該城，我守軍以持久防禦目的固守城垣，一面由空軍日夜出動實施制壓，一面分由西安空運部隊及由寧夏派兵增援。

二、作戰經過

（一）匪軍攻城經過

匪對該城志在必得，日夜猛烈實施攻擊，輔以集中之砲火，前仆後繼，先進佔城郊據點，並使用雲梯從事坑道等作戰，曾轟砲東南城角，榆林全城暴露於火網之控制之下，形勢危殆，幸中間兩度分兵實施「圍點打援」戰術，均經我軍先發現其行動，適時截擊，未能達成目的。

（二）陸軍之作戰

榆林守軍，以全力固守城垣及外圍三義廟、凌霄塔及九一八高地等據點，經抗拒匪軍數十次之猛攻，展開肉搏戰，據點盡失，終能拚死保守城池。十一月一日我西安空運部隊（北路援軍）已抵十八台附近，使匪不得不分兵迎擊，達成策應作戰任務。十三日我寧夏兵團已進抵榆林西之紅墩，彭匪親率七旅之眾截擊我援軍，激戰於良久攤，因陸軍在我空軍通報下，事前已有戒備，經兩晝夜之激烈戰鬥，卒擊退犯匪而勝利會師榆林。

（三）空軍之作戰

我空軍部隊分以延安、太原、西安、北平為基地，在作戰初期，晝夜出動各型機協助守軍作戰，阻匪進攻。迄外圍據點失陷後，坑道滿佈城郊，我軍更改變戰法，攜帶重磅炸彈以破壞匪工事及距城十公里左右之村鎮，阻匪日間不能立足，入夜更加派 C-47 機攜帶大量炸彈，尤著重拂曉黃昏匪行動時機在地面電台指示目標之下，予匪猛烈之轟炸，使匪攻勢頓挫，收效最大。

十一月初旬，以我空軍不特協力守軍確保城池，並全力掩護援軍之挺進，於十一月十三日余率部發現大股匪約20,000人，經響水堡向榆林西長城以外之白家海子前進，當判明係企圖偷襲我寧夏援軍，遂一面通知友軍戒備，一面引導出擊各機展開襲擊。匪與我地面友軍激戰於良久灘沼不浪地區，戰鬥至為激烈，但在我空軍日夜直協下，匪遭受重大之傷亡。我戰鬥機曾將下油箱投下運輸載送大批彈藥，以接濟友軍之油彈缺乏，終能保護友軍安全達成解圍之任務。我空軍之早期發現匪行動，予匪以猛烈之攻擊，實亦為確保榆林之轉捩點。

三、作戰檢討

（一）匪軍在空軍日夜制壓下，改用坑道作業接近城垣，以炸藥轟破城牆，在砲兵掩護實施衝擊，火力較前加強，攻城戰術進步。

（二）匪軍實施肉搏戰，多以民兵為先遣，可以節省戰力，並能利用欺騙手段，如偷用我布板信號，改著我軍服裝及偽裝等。

（三）守城部隊士氣高昂，軍民融合，作戰目標一致，均抱效死固守之決心。

（四）亙全戰役友軍無一次攻勢防禦行動，匪軍微有動作，即頻喊空援，缺乏獨立作戰精神，過度的依賴空軍。

（五）寧夏兵團，行動遲緩，較原計劃遲慢十天到達，設非空陸協同作戰良好，將無濟於榆林之確保。

（六）空軍有鑑於榆林之被圍，短期內無法得到地面部隊之增援，即調集各型機，打破多方困難，不分晝夜出動攻擊，全力由空軍迫退匪軍，解除榆林之圍，空軍的作戰決心及處置適切。

（七）空軍經常在戰地上空予匪以殺傷及威脅均大，尤其早期發現匪情，安全掩護援軍到達，空軍之供獻最大。

（八）陸空通信情況良好，指示目標正確，供給交換情報靈敏，亦為此次獲勝之重要因素。

結論

一、基於以上所述可以窺知，歷次戰役雖然情況不同，運用各有巧妙，而國軍備多力分，統馭無能，致予共匪以可乘之機，以有優良訓練與裝備之部隊而敗於共匪烏合之眾，實乃吾輩將領之奇恥大辱。今日撰述此項戰史，雖形勢已非，頗有明日黃花之感，然懍於未來反攻責任之艱鉅，實非確聆悟匪我實況，尋出其行動規律，以為反共之對策不可。匪之慣用戰法，蓋有下列各端：

（一）匪軍作戰以消滅有生力量為其最高作戰之目的。

（二）以大吃小為其作戰指導最高原理。

（三）以先包圍後突破，「尤以各個擊破」，為其作戰之手段。

（四）以圍點打援方法爭取主動支配戰場。

（五）將我各個戰鬥體完成包圍後，則用一點兩面戰術，以收夾擊之效。

（六）以靜的口袋戰與動的奔襲戰，來達成伏兵戰的目的。

（七）來襲時以鑽隙之戰法滲入，以包圍夾擊之戰法破敵，最後用人海戰術收完全殲滅之效。

二、朱毛匪軍其武裝之建立，均係俄帝所卵翼扶植，尤以空軍為然。美前空軍參謀長范登堡將軍形容得最為明確，「共匪的空軍一夜之間變為強大」，可以想像它的來源。現在他的數量已較我大為優勢，至其戰法自然亦是襲取俄帝的衣缽，過去它們是著重戰術空軍之使用，今日俄帝工業及空軍雖較往昔為進步，但其附庸國戰力戰術之表現不致離脫二次大戰之型態。故今後之反共戰爭，是立體戰爭，戰爭初期匪必大量使用空軍制壓我空軍以爭取戰場之自由，然後轉移兵力於直協作戰，而我今後之陸空協同作戰，亦無疑是首在主宰戰場之制空，然後努力阻絕戰場，至於直協將僅限於攻擊行動。蓋空軍是攻勢武器，往日大陸時代哨戒式使用不可能重演於將來，未來的三軍聯合作戰怎樣發揮共同的戰力，時應及早注意及之。

三、總統訓示我們：「要戰勝共匪就必須要明瞭共匪所用的一切方法，而且要用他的方法來制裁他」，我們研讀戡亂戰史便是這個道理。綜觀共匪的：「一個拳頭主義」、「不打無準備無把握的仗」、「一點兩面」、「圍點打援」、「鉗形奔襲」、「麻雀黃蜂」，這一套戰法，實際上亦並無甚麼詭譎奧妙的地方，亦不過是兵家所謂，「戰爭的目的是殲滅敵人的武裝力量」、「迅速勇敢的取得攻勢才是守勢作戰中最重要的一點」、「多算勝，少算不勝」、「十則圍之，倍則分之」、「使敵前後不相及，眾寡不相恃，卒離而不集，兵合而不齊」的殘餘，變變花樣而已。只要我們高級將領能認清生死的道理，嚴懍失敗的教訓，在戰場上確守「主動」、「機動」、「攻勢」和「知彼知己」的戰術原則，則戡亂戰爭的勝利終必是屬於我們的。

● 高品芳

作戰時級職：空軍第十一大隊中校三級大隊長
撰寫時級職：空軍總司令部督察室上校一級副督察長

作戰地區：陝西省

作戰起訖日期：37 年 4 月至 5 月

涇渭河谷之作戰

一、情況概述

匪軍四個縱隊（1CD、2CD、4CD、6CD）及二個騎兵旅在黃龍山地區，受我優勢兵力之壓迫，為避免為我主力決戰，乘我軍未開始行動前，企圖用「鑽隙戰術」，向我兵力薄弱之涇渭河谷地區進行偷襲，劫掠物資，孤立西安，並截斷川甘聯絡。三十七年四月十七日匪自陝北馬欄渡涇河陷永壽，不三日而長武、乾縣、武功、麟遊、鳳翔、寶雞盡失，長驅直竄，兇燄萬丈，幸國軍圍剿部署得當，匪復回竄陝北。

二、作戰經過

（一）地面軍之作戰

陸軍將主力置於追剿方面，以第五兵團四個師（1D、36D、38D、65D）沿西蘭公路與隴海鐵路向西追擊，惟進行遲緩，與匪永距約一日半之行程。

同時使用 82D 一部由長武向南夾擊，切斷其歸路，基於空中協同作戰所見，雖進剿頗為認真，惜其兵力微小，予匪之打擊不大。

（二）空軍之作戰

亙作戰之前期，我空軍之使用重點，在全力搜索其主力之所在及趨向，並截擊其先頭部隊，待陸軍準備完成後，除以一部掩護陸軍及偵察外，以主力殲滅與我陸軍決戰之匪軍，重要經過如下。

1. 與追擊兵團之先遣部隊之通信聯絡適切

由於地勢平坦，我追擊部隊分三路並進，陸空連絡電台位置接先頭部隊通話情況良好，故能與上空飛機經常保持連繫，對於敵情之通報及地面對攻擊目標之指示均能適切，惜與匪距離較遠，致空軍進行轟炸掃射後，陸軍不能繼以掃蕩而擴張戰果。

2. 靈台娘娘廟附近空陸協同攻擊竄匪

亙全作戰，空軍均係片面的炸射竄匪，幾近於獨立作戰。五月二日上午發現匪 1CD、2CD、6CD 於靈台西南天堂附近發現大股匪北竄，我空軍除一面攻擊一面監視外，並以通信袋適時通知我 82D 南下部隊，我友軍立即機動展開並構築陣地。在我機群協力下，遂於娘娘廟附近擊潰北竄之匪，發揮陸空協同作戰之威力，鼓舞我部隊協同作戰之士氣，乃作戰前期最精彩之一役。

3. 黨原鎮痛殲竄匪

五月五日匪大股竄抵涇川之北，被我隴東兵團圍堵於黨原鎮、屯子鎮一帶，雙方對峙火線密接，我們在空中看到這種景象，一以欽佩友軍作戰精神而啟敵愾之心，抑亦夙願得償英雄有用武之地，余率部冒惡劣天氣在留置嚮導機作戰之下，分批輪番炸射，使匪遭受極大之傷亡，並減輕匪對我地面軍之壓迫而能堅強抗拒歷三晝夜，卒待援軍之到達，斬獲極眾，造成最大之殲戰，我對剿匪前途慶幸，更為空軍有效力之發揮而欣幸。

三、戰役檢討

（一）共匪一本過去「避虛就實」及「鑽隙」戰術，竄抵涇渭兩河間十三縣，達成破壞組織、劫掠物資之作戰目的。

（二）共匪長途跋涉，兵員疲弊，在我大軍頻頻追迫堵截，形勢危殆之下，終能免脫速回老巢，實為匪軍將士用命之優點。

（三）國軍針對共匪「跑」的戰術，兵力部署、部隊運動均較嚴密而迅速，使匪無喘息機會，不得渡渭水而擴大突竄，造成圍殲之有利態勢。

（四）由於 82D 的兩次堵擊，證明勝利是屬於戰意堅強之部隊。

（五）彭匪主力於涇川以北遭我隴東兵團及第五兵團層層包圍的，各部隊連繫不密切，行動不迅速，且夜間連絡不確實，互相誤擊，致被匪乘隙逃脫，未能把握時機全殲殘匪。

（六）空軍除獨阻截匪之竄擾外，並適時大力支援地面之作戰，發揮協同作戰之效果。

（七）亙作戰全期，空軍始終監視匪情動態，陸空通信良好，連絡迅確，增強戰場指揮官之耳目。

結論

一、基於以上所述可以窺知，歷次戰役雖然情況不同，運用各有巧妙，而國軍備多力分，統馭無能，致予共匪以可乘之機，以有優良訓練與裝備之部隊而敗於共匪烏合之眾，實乃吾輩將領之奇恥大辱。今日撰述此項戰史，雖形勢已非，頗有明日黃花之感，然懍於未來反攻責任之艱鉅，實非確聆悟匪我實況，尋出其行動規律，以為反共之對策不可。匪之慣用戰法，蓋有下列各端：

（一）匪軍作戰以消滅有生力量為其最高作戰之目的。

（二）以大吃小為其作戰指導最高原理。

（三）以先包圍後突破，「尤以各個擊破」，為其作戰之手段。

（四）以圍點打援方法爭取主動支配戰場。

（五）將我各個戰鬥體完成包圍後，則用一點兩面戰術，以收夾擊之效。

（六）以靜的口袋戰與動的奔襲戰，來達成伏兵戰的目的。

（七）來襲時以鑽隙之戰法滲入，以包圍夾擊之戰法破敵，最後用人海戰術收完全殲滅之效。

二、朱毛匪軍其武裝之建立，均係俄帝所卵翼扶植，尤以空軍為然。美前空軍參謀長范登堡將軍形容得最為明確，「共匪的空軍一夜之間變為強大」，可以想像它的來源。現在他的數量已較我大為優勢，至其戰法自然亦是襲取俄帝的衣缽，過去它們是著重戰術空軍之使用，今日俄帝工業及空軍雖較往昔為進步，但其附庸國戰力戰術之表現不致離脫二次大戰之型態。故今後之反共戰爭，是立體戰爭，戰爭初期匪必大量使用空軍制壓我空軍以爭取戰場之自由，然後轉移兵力於直協作戰，而我今後之陸空協同作戰，亦無疑是首在主宰戰場之制空，然後努力阻絕戰場，至於直協將僅限於攻擊行動。蓋空軍是攻勢武器，往日大陸時代哨戒式使用不可能重演於將來，未來的三軍聯合作戰怎樣發揮共同的戰力，時應及早注意及之。

三、總統訓示我們：「要戰勝共匪就必須要明瞭共匪所用的一切方法，而且要用他的方法來制裁他」，我們研讀戡亂戰史便是這個道理。綜觀共匪的：「一個拳頭主義」、「不打無準備無把握的仗」、「一點兩面」、「圍點打援」、「鉗形奔襲」、「麻雀黃蜂」，這一套戰法，實際上亦並無甚麼詭譎奧妙的地方，亦不過是兵家所謂，「戰爭的目的是殲滅敵人的武裝力量」、「迅速勇敢的取得攻勢才是守勢作戰中最重要的一點」、「多算勝，少算不勝」、「十則圍之，倍則分之」、「使敵前後不相及，眾寡不相恃，卒離而不集，兵合而不齊」的殘餘，變變花樣而已。只要我們高級將領能認清生死的道理，嚴懍失敗的教訓，在戰場上確守「主動」、「機動」、「攻勢」和「知彼知己」的戰術原則，則戡亂戰爭的勝利終必是屬於我們的。

● 高品芳

作戰時級職：空軍第十一大隊中校三級大隊長
撰寫時級職：空軍總司令部督察室上校一級副督察長

作戰地區：河南省

作戰起訖日期：37 年 6 月至 7 月

豫東會戰（黃汎區之戰）

一、一般情況

匪陳毅部三個縱隊於三十七年六月中旬竄陷開封後，即劫掠物資，復與睢縣、杞縣、民權地區匪主力（六個縱隊）會合，以阻我第五軍之收復開封，另劉伯誠、陳賡等匪部八個縱隊，亦渡過黃河竄抵平漢路兩側，以阻我十八軍之東進，策應其主力之作戰。待我第五軍及 75D、72D 分路進剿時，雖順利收復開封，而 75D、72D 則在董莊、帝邱店、龍塘崗地區被優勢匪軍包圍，復在睢縣、杞縣控置重兵阻斷我第五軍支援路線，遂展開會戰。在我空軍猛烈炸射下匪終不支，於七月初旬潰退，造成黃汎區大捷。

二、作戰經過

（一）陸軍之作戰

六月廿六日我第五軍收復開封後，翌日復會同陳留附近之 72D、75D 向睢杞地區掃蕩，廿九日匪在睢縣將我 75D、72D 重重包圍，並阻我第五軍自杞縣東進，雙方展開激烈戰鬥，終以我（25D、5A）東西兩面之援軍進展遲慢，

75D、72D 在苦戰中損失過半，雖於七月四日與我 25D 會師，但戰鬥已近尾聲，七月六日匪分三路迅速脫離戰場，我軍雖亦追擊，但實乃休息整補。

（二）空軍之作戰

空軍整日四出偵炸及監視匪軍動態，於匪向我接近時，先行阻擊潰退後，復行追擊。此次作戰更集三、四兩軍區之全部兵力，日夜予匪以猛烈炸射，損傷至重。為首幾日余率部除嚴密掩護友軍前進外，並在外圍及鄢陵一帶發現匪輜重部隊多股，均予炸毀，爾後則直協助我第五軍及被圍軍作戰，不斷炸射我軍陣地前方各村莊與坑道之匪軍，每機每日作戰高達五次，但戰事膠著，第五軍三日未見前，陣地外之各莊村均成斷垣殘壁，樹葉枯黃（燒烤），董莊鐵佛市之被圍，我軍則陣地日漸縮小，相近咫尺之平原地帶，偌大部隊及精良裝備竟不能機動與救援，亦急亦恨，而我被圍部隊戰力之弱亦殊出意想之外，每日縮在村莊內，人車密集，目見匪散兵坑及交通壕之漸近城垣。我機不停在上空攻擊，匪亦不避傷亡繼續作業，我們在低空炸射中不斷地見到我 B-24 機之轟炸匪據點，濃煙過去後，全村變成廢墟，我很樂觀予匪以大量的撲滅。當我攻擊坑道中之匪時，我曾聽到我地面友軍指示目標，要我「攻擊旁邊樹上之匪，因他居高臨下，可以向村內射擊」，我得知情況後心境又好不慘然！陸空協同作戰，至如此程度，「空軍又作了步槍」！於此又可證明匪我雙方戰鬥士氣之高低！匪終於逃走了，戰爭便這樣的閉幕了，當我飛去南京（斯時駐防鄭州），我看到報紙上頭號的標題時——黃汎區大捷殲匪×萬——我苦笑了，我的心境越是激昂越是沉重！

三、戰役檢討

（一）匪此次傾巢進犯，行動迅速，部署適當，呼應靈活，撲捉戰機，殲滅我精銳部隊，不避我空軍之攻擊，以小犧牲獲取大代價，不僅將士用命，戰術指揮上實屬成功。

（二）匪攻擊精神旺盛，於圍點打援中迅速完成數個小包圍圈，利用坑道作業，使我軍各自孤立，而匪軍則聯繫村莊四通八達，此種構築工事能力，深足吾人效法。

（三）地面友軍均配有陸空連絡電台，使協同作戰連繫緊密，配合良好，我先頭部隊布板、符號鋪設鮮明，增強空軍作戰效能。

（四）飛機對直協作戰支援適切，每於發現良好攻擊目標時，立即可以叫到飛機猛烈實施攻擊。

（五）地面部隊團結力不堅，連繫不密切，不能互相支援，因而不能發揮整體之戰力。

（六）地面指揮官意志每為匪軍所轉移或拘束，不能善用觸鬚部隊活躍戰場，致雖有優良的裝備及空軍之協助，仍不能發揮戰力。

結論

一、基於以上所述可以窺知，歷次戰役雖然情況不同，運用各有巧妙，而國軍備多力分，統馭無能，致予共匪以可乘之機，以有優良訓練與裝備之部隊而敗於共匪烏合之眾，實乃吾輩將領之奇恥大辱。今日撰述此項戰史，雖形勢已非，頗有明日黃花之感，然懍於未來反攻責任之艱鉅，實非確聆悟匪我實況，尋出其行動規律，以為反共之對策不可。匪之慣用戰法，蓋有下列各端：

（一）匪軍作戰以消滅有生力量為其最高作戰之目的。

（二）以大吃小為其作戰指導最高原理。

（三）以先包圍後突破，「尤以各個擊破」，為其作戰之手段。

（四）以圍點打援方法爭取主動支配戰場。

（五）將我各個戰鬥體完成包圍後，則用一點兩面戰術，以收夾擊之效。

（六）以靜的口袋戰與動的奔襲戰，來達成伏兵戰的目的。

（七）來襲時以鑽隙之戰法滲入，以包圍夾擊之戰法破敵，最後用人海戰術收完全殲滅之效。

二、朱毛匪軍其武裝之建立，均係俄帝所卵翼扶植，尤以空軍為然。美前空軍參謀長范登堡將軍形容得最為明確，「共匪的空軍一夜之間變為強大」，可以想像它的來源。現在他的數量已較我大為優勢，至其戰法自然亦是襲取俄帝的衣缽，過去它們是著重戰術空軍之使用，今日俄帝工業及空軍雖較往昔為進步，但其附庸國戰力戰術之表現不致離脫二次大戰之型態。故今後之反共戰爭，是立體戰爭，戰爭初期匪必大量使用空軍制壓我空軍以爭取戰場之自由，然後轉移兵力於直協作戰，而我今後之陸空協同作戰，亦無疑是首在主宰戰場之制空，然後努力阻絕戰場，至於直協將僅限於攻擊行動。蓋空軍是攻勢武器，往日大陸時代哨戒式使用不可能重演於將來，未來的三軍聯合作戰怎樣發揮共同的戰力，時應及早注意及之。

三、總統訓示我們：「要戰勝共匪就必須要明瞭共匪所用的一切方法，而且要用他的方法來制裁他」，我們研讀戡亂戰史便是這個道理。綜觀共匪的：「一個拳頭主義」、「不打無準備無把握的仗」、「一點兩面」、「圍點打援」、「鉗形奔襲」、「麻雀黃蜂」，這一套戰法，實際上亦並無甚麼詭譎奧妙的地方，亦不過是兵家所謂，「戰爭的目的是殲滅敵人的武裝力量」、「迅速勇敢的取得攻勢才是守勢作戰中最重要的一點」、「多算勝，少算不勝」、「十則圍之，倍則分之」、「使敵前後不相及，眾寡不相恃，卒離而不集，兵合而不齊」的殘餘，變變花樣而已。只要我們高級將領能認清生死的道理，嚴懍失敗的教訓，在戰場上確守「主動」、「機動」、「攻勢」和「知彼知己」的戰術原則，則戡亂戰爭的勝利終必是屬於我們的。

● 曹世榮
作戰時級職：空軍十一大隊中校副大隊長
撰寫時級職：空軍訓練司令部上校一級附員

作戰地點：延安、太原

作戰起訖日期：35 年至 37 年

延安、太原戰役

一、前言

抗日戰爭勝利後，共匪興兵叛亂，我政府迫不得已下令討伐，由卅五年至卅七年期間，西北戰區以延安之得而復失，太原、西安之淪陷，對整個戰局有不可估計之損失。我空軍十一大隊在此三年期間，奉命駐守西安，曾參加延安、太原等戰役，每次戰役我空軍健兒無不爭先恐後，維每役創輝煌之戰果而竟不能挽回整個戰局之頹勢，終至大陸變色撤退來台，生聚教訓瞬即八載。今奉命撰述剿匪作戰心得，因限於時間之迫促，以及手頭參考資料之缺乏，僅就記憶所及將參加重要二戰役之經過以及失敗之教訓與經驗簡述於後。

二、延安戰役

三十六年初，國際形勢對我有極不利趨勢，有所謂四外長會議解決中國問題之傳說，我政府為正國際之視聽，決議在四外長開會前攻佔匪偽根據地延安，經多日之準備與部署，於三月十三日首次強大之空軍集中轟炸匪都延安，戰果良好，是日出擊之各部隊為第八大隊、第十一大隊及第一大隊之第九中隊。翌日我陸軍亦開始攻擊，勢如破竹，進展神速，除匪軍在甘泉略予抵抗外，節節後退，於三月十九日功克延安，我陸軍與空軍均無重大損失，在此一週間之戰鬥，匪軍以少數兵力掩護主力撤退，故未有主力戰發生。此役我政治上之目的已達成，如以純軍事之眼光來衡量此戰役，則實非勝算，此後即在延安以北地區從事掃蕩工作，但匪軍主力迄未能遭遇，我大軍疲於奔命，稍一疏忽即被匪突擊，蒙受極大之損失，此概由於我在明處匪在暗處，加之我軍情報不靈，處處被動，優勢之兵力不能發揮威力，數月掃蕩之目的未達成，反被匪軍吃掉數師之眾。此期間我空軍十一大隊早已進駐延安機場協助陸軍出擊匪軍，我飛行員雖表現無比勇敢，戰果極佳，而地面工作人員亦勤奮不息，努力工作，頗獲得友軍之讚佩。其後至卅七年終因戰略關係，我陸軍撤離延安。

三、太原戰役

三十五年秋太原以南地區均為我控制，臨汾、運城兩重鎮為我軍駐守，其兩側山區則均為匪方控制，不時對我偷襲。此時南北交通暢通無阻，後即遭分段破壞，臨汾及運城陷於孤立，我空軍曾先後在運城、臨汾協助友軍作戰，雖然收一時之效，但無法長久支援，二重鎮相繼失陷。太原孤城抗匪十餘月，給匪打擊甚大，且牽制匪軍十餘師兵力，後包圍圈逐漸縮小，城郊機場撤守，太原不久亦淪陷匪手，此一北方重鎮失陷，使作戰士氣影響甚大，匪大軍得以南下圍攻西安。

四、檢討

（一）匪軍

1. 匪軍慣用之戰術為以多吃少，沒有把握決不貿然攻擊，所以每次戰鬥都得到便宜。

2. 圍點打援，將我一團或一師之據點包圍，然後再相機打擊援軍，這一戰術使用的相當多，成功的機會亦很多。
3. 情報靈通，我陸軍一動一靜非常清楚，完全因為利用老百姓才能收此效果。
4. 匪軍在戰爭初期不知如何對空防禦，每次戰役損失慘重，以後經驗逐漸增多，損失漸少，我空軍作戰時有受地面火力的損害。

（二）我軍之缺點

1. 陸軍
   A. 沒有互相合作的精神，各戰區都是在獨立作戰，沒有收到相互支援的效果，而各戰區所指揮之軍師亦是各自為陣，從不互相支援，使匪軍得以遂行其以多擊寡之戰術，將我軍各個擊破，此一嚴重之缺點，實在為大陸剿匪失敗的致命傷。
   B. 對匪情不明，以少報多，使上級判斷錯誤而下錯誤決心，影響戰局關係甚大。
   C. 陸軍每營每團都希望經常有空軍在其上空支援，申請支援別多，但是真正到了嚴重關頭，空軍早已不能全力出動助戰，使局部戰役失利而影響整個戰局。
   D. 平時騷擾百姓，在戰時得不到百姓支持，這是失敗主要原因之一。
2. 空軍
   A. 空軍因為分駐各戰區關係，沒有發揮他的機動性和集中使用的原則，所以在整個剿匪戰役中，沒有將空軍力量作適當之發揮。

B. 戰略性的轟炸及偵察太少。

C. 戰術性支援太多，消耗兵力太甚。

D. 對地形目標有判斷錯誤，因而誤擊友軍，使蒙受重大損失。

五、結論

抗日勝利後繼續戡亂，以當時國家之財力、物力以及陸軍、空軍之壯大，力量、裝備、士氣等均較匪軍為優，實不難在短期內將匪消滅，然有利之環境竟被我們輕易放過，坐失良機，而招來國家空前未有之浩劫，此中最主要之原因就是各顧自己利益，沒有互助合作共同團結的觀念，更不明唇亡齒寒的道理。吾人經此重大挫折，痛定思痛，每人均有深切的覺悟，將來反攻大陸時，必須將過去的錯誤缺點一一改正，更應時時注意之軍互助合作之信念，榮辱相共，生死一心，如此我們反攻復國才有勝利的保證。

● 佟明波

作戰時級職：空軍第十一大隊第三課中校三級課長
撰寫時級職：國防大學校空軍上校一級教官

作戰地點：北平、西安、太原、鄭州、開封等

作戰起訖日期：35 年 9 月至 37 年 7 月

剿匪作戰詳歷心得

日本宣布無條件投降，我舉國歡騰，爆竹之聲不絕於耳，此乃表現國人之熱烈情緒，認為抗戰之目標，終於艱苦奮鬥中獲到，此後民族復興、個人幸福等均在眼前。

於慶祝勝利後與三五同志論及國內之共匪，為今後作亂之根源，強調共匪之禍國實較日本之侵略為甚，尤有進者，帝俄之陰謀，遠較日本更為毒狠，在坐同志均不以為然。

勝利不久，簽訂中蘇友好協定，帝俄仍遲滯退出東北，共匪利用此種機會並在帝俄之協助下武力叛變更為顯著，雖經美方調處，亦未發生效果，於是共匪到處進擾，國軍於作戰初期，尚能把握主動，最後被迫撤來台灣察其原因甚多，僅就軍事方面中空軍剿匪作戰之得失檢討，概要陳述如下。

一、空軍之運用與控制

在大陸剿匪期中共匪沒有空軍，因此我地面兵力從未受到空中威脅，至於空軍對阻絕任務——因為過份重視密接支援任務——而被忽視，所以每次會戰不免受到很大的障礙，尤其在東北更為顯著，不過減輕地面部隊壓力之有效方法，是毀滅共匪之運

輸工具和等候運輸而集中之兵力，包括裝備與補給在內，一般說來，孤立戰場，在剿匪作戰中，應列為首要任務，但是大部指揮官似乎認識不夠，而專門執行密接支援任務。

我地面部隊主動力喪失後，專門防守幾個據點，等候共匪來攻，似乎作戰目標均已忘記，當然全般作戰受了影響，加之各部隊間缺乏聯繫與協調，因此各別作戰，所以無整個戰線可言，多數的戰術空軍出擊都是零星性質的，碰到什麼目標就攻擊什麼目標，這種支援是不大有效果的。因為散佈廣泛的各據點上，如果全數需要支援，事實上空軍之能力，也要受到限制。

抗戰勝利後，空軍組成五個軍區，除第五軍區外，每個軍區均轄有一個戰轟大隊之兵力，配合地面部隊作戰，部署方面，尚屬合理。不過戰術空軍既被分隔使用，又不能發揮其彈性－機動的集中，結果零星的使用，則不能發生決定性的效果，究其原因有二：

（一）指揮官之保守性

當地面部隊與匪軍發生戰鬥，各軍區所遭遇之情形相似，都需要空軍支援，各軍區自顧不暇就不能移轉使用，但戰場之地位孰重，戰事進行激烈之程度，應考慮優先次序，機動使用空軍，集中力量給予共匪有效之打擊，如是剿匪作戰之形勢可能改觀。當然實行集中亦有許多困難，諸如基地過少，設備不足，不過人為之缺陷我認為是主要原因。

（二）受地面部隊之牽制

也許有人持相反之見解，不管如何，現在是應該提出來檢討的。當時各戰區之情報工作不如理想，加之共匪反宣傳工作又能靈活運用，長官們心理上受了打擊，深恐共匪進攻，因此利用機會阻礙空軍調動，以滿足其作戰之需要。

假如以上的看法是正確的，這種錯誤的觀念，應該由最高指揮機構中之幕僚人員負責，並非直接指揮者之思想落伍。

二、剿匪作戰空軍所得之經驗

空軍在抗戰中所得之教訓大部為防禦性作戰之經驗，雖至抗戰末期，執行爭取空優和阻絕任務，然時間暫短，所得經驗不足，尤其對密接支援任務，在抗戰期中很少實施，因之此項工作在剿匪最最初階段不能令人滿意。不久各飛行人員於執行任務中獲取寶貴之教訓，可以說都是由血汗換取來得，例如領航、偵察、炸射等技術確實進步很多，因此所有飛行人員的素質提高。

三、值得研究的幾個問題

剿匪作戰中有幾個重要問題：

（一）通信

在剿匪初期有些地面部隊缺乏對空通信設備，甚至布板信號之使用也有問題，所以初期作戰，陸空通信而有混亂之現象，雖經積極改善，最後亦未奏於理想。

（二）基地防禦

在剿匪期中，各指揮官對基地之安全非常重視，不惜抽調有力部隊對基地之防禦作妥善之部署，從未發生意外，然而直接影響前方第一線之戰力，是故有提出討論之必要，將來反攻大陸時，空軍基地之防衛是否加以研究，應如何組成方能擔負上述任務。

（三）聯合作戰計畫

過去剿匪期中甚少擬訂陸空聯合作戰計畫，因之不能發會統合戰力，力量既不能集中，時間又不能配恰當，所以浪費兵力之處甚多，就算有了計畫，也不能堅定遵守澈底執行，將來反攻大陸時，陸空作戰之協調問題極屬重要。

（四）地圖

過去在剿匪作戰中空軍缺乏精密之地圖，在執行支援任務時僅憑飛行員之判斷與觀察實施對地攻擊，現飛機的速度日增，對時間與空間的配合不能不作精密之計算，因之地圖之需要更為迫切。

（五）補給與修護

很明顯的，在剿匪初期一切補給與修護尚能維持一般水準，不過經過長時間的消耗，所有美軍剩餘物質大部用完，新件無法補充只有拼湊，戰力無形減低，最後待件之飛機不得不忍痛放棄，有此教訓，將來反攻應有週密之計畫與充分之準備，庶幾不至於落空。

上述五項值得研究與改進，對未來反攻均有裨益。

總之，過去剿匪之教訓，我們應該深加警惕，澈底研究，如何改進各種錯誤為當務之急，充實一切暫力亦刻不容緩，無論指揮與運用，通信裝備，基地防衛，協調關係，地圖之供應以及補給與修護等均應預作準備，以免發生漏洞不可挽救。

自然剿匪期中所得之經驗教訓殊多，個人之供獻亦復不少，今僅提出犖犖大者加以檢討，對未來之反攻作戰或許能有裨益，不過上述各點可能偏重個人的看法，如有不當之處，尚希指教是幸。

● 梁銑佑
作戰時級職：空軍第十一大隊上尉作戰參謀
撰寫時級職：空軍部隊訓練班飛行中校一級副主任

作戰地區：陝西省延安

作戰起訖日期：36 年 3 月 13 日起

延安之役

經過概述

抗戰勝利以後，總統為顧存國家生存、人民財產，不惜犧牲一切召開和談會議，會議結束，毛匪澤東返抵延安後，不但不履行會議中所決定諾言，更變本加厲，驅其在抗戰勝利所擴充之軍力，於國軍無暇兼顧之際，四處以流竄方式阻我國軍復員及接收工作，並隨時攻擊我兵力較弱之部隊，欲達成其叛國企圖。政府為求澈底解決此久懸問題，遂於民國卅六年三月十三日下令陸、空二軍進剿匪紅都延安，並以胡將軍宗南部大舉北上，當時以胡將軍之威望與兵力，確曾使共匪膽寒而無鬥志，經四日後延安為我攻克。共匪遂由延安向北以流竄方式大舉撤退，以西安北部之瓦窰堡一股為撤退時人數最多，我空軍臨空參戰，敵我態勢真是瞭如指掌，但國軍當時受甚多之因素牽制或影響而未能窮追，致未能使敵首腦部整個瓦解，而致留下無窮後患，憶之猶痛而為惋惜也。

一、匪軍軍事作戰方面

甲、戰術戰法

匪共作戰初期因地域廣大，武器窳劣，作戰人員素質甚差，若與我訓練有素之國軍當面作戰必遭受重大損失，故為求壯大其作亂之力量，其作戰方法盡量採取迴避與國軍正面決戰方式，而實施以大吃小，集中力量攻擊國軍為主要戰法，亦即為匪偽誇大宣傳之化整為零或化零為整之戰術。

乙、戰鬥特質

以匪共在大陸當時作戰及參加韓戰情形觀之，匪共在戰鬥中常以殘暴壓力與控制方法驅使善良民眾作戰第一線之衝鋒隊，常使無知民眾於洶湧衝鋒中死傷枕藉，此亦為匪共依靠廣大民眾，創造其所謂：「人海戰術」。

二、匪軍政治作戰方法

甲、匪軍組織戰

匪之正規軍組織姑暫不談，而匪對廣大民眾之組織與控制，所以能收良好效果者，實有其具備之殘暴及欺壓條件而使良民敢怒而不敢抗，願赴驅使，擔負戰場之一切工作。

乙、匪軍心理作戰

匪為一毫無信譽在國際間亦無地位之偽組織者，故製造謠言或歪曲事實，並不妨礙其侵略企圖，但我意志不堅與國際間一般無分析能力人員，常受矇騙，心理甚受影響，故匪於發動戰爭前或使其部屬之士氣提高，對心理研究問題極為重視。

丙、宣傳手段

匪偽既為一無信譽與地位之組織，故對宣傳手段均不惜選擇任何手段的，凡對我不利之宣傳，不論有無事實，均可假以偽造，歪曲事實，對其本身常常自誇自大，製造虛偽結果，總而言之匪對心理與宣傳問題極為重視。

匪我優劣點之比較

一、匪共優點

甲、軍事方面

負責作戰指揮人員對戰法戰術之研究甚有心得，故在實戰時兵法運用甚為得宜，個人天才均能盡量發揮，遂有化整為零、化零為整等戰法之發現，此法實為偷襲孫子兵法者，並無獨特奇異之處。

乙、後勤方面

（1）人員補充：可利用殘暴方法壓迫與控制人民，以廣大民眾作為兵源補充。

（2）後勤補給：食糧取之於民，武器取之於前線，匪軍並無統一體制，故不論食糧及武器型別及補給來源可不顧及，只求打勝仗，不談紀律，不談制式，食糧若不取於民則挨餓，武器補給不取於前線則會打敗仗，受此嚴重限制，人人為求生存，則非捨生拼命就無生路可圖，故匪軍之後勤支援方面料想不會感到困難。

二、國軍優點

甲、軍事方面

1. 軍事人員對戰術戰法普遍研究。

2. 紀律嚴明有良好服從性。

3. 作戰人員素質高。

4. 軍事機關及部隊均有統一編制與體系，易於掌握。

5. 武器有統一之型別，易於補給。

乙、政治方面

1. 軍事人員對主義國家領袖責任榮譽有深刻認識，故士氣旺盛。

丙、後勤方面

1. 人員補充：作戰人員之補充可以徵募得之。

2. 後勤補給：有統一之後勤補給單位專司補給之責。

三、匪軍缺點

甲、軍事方面

1. 軍事作戰人員對戰術戰法研究未能普及最低階層。

2. 作戰人員出身農村及勞工較多，大陸時代之教育未能普及於農村，故作戰人員素質低。

3. 匪欲達到顛覆政府禍國企圖，故對部屬極度放縱，形成軍紀廢弛軍隊，毫無紀律可言，到處作下甚多禍國殃民舉動。

乙、政治方面

匪軍幹部及部分低級幹部因來之於被強迫，均對其匪共集團統治者有懷疑及痛恨之心，疑者是否將中國變相出賣給俄國，痛恨者之痛恨共產主義領導者使中國走上滅亡之路，故士氣非常低落，厭戰情緒為普遍現象。

丙、後勤方面

匪軍之補給食糧既不取之於民，軍火補給取之於前線，此一流動化而無統一體系之補給組織，實對匪之補給業務影響至鉅。

四、國軍缺點

甲、軍事方面

1. 作戰指導負責人員對戰術戰法常有研究而缺乏靈活運用之機動作戰技能。
2. 國軍為一正規編制有組織有體系代表國家之軍隊，如對權責不予分層授給，對每次戰役不作檢討得失、評論功過，則權責功過不分明使負責者均不敢認真負責，最後必影響於作戰而遭受意外損失。
3. 搜索及警戒不嚴密常受奇襲。
4. 匪之情報以殘暴強迫人民而得，我以感化爭取人民自動供給，情報之獲得往往為虛偽或無價值者。
5. 匪善夜行軍，我缺乏夜行軍及夜戰之訓練。
6. 國軍之部署多顧正面，少顧側面。
7. 國軍對戰車之使用，各單位均力爭配置，而致兵力不能集中運用，而被分隔且使用過久，車輛無法保養。

乙、政治方面

大陸時代政治教育只限於軍人，不能普及於各階層人員，使大家都對主義領袖國家責任榮譽有深刻認識，換言之，政治教育工作做得不夠澈底。

丙、後勤方面

1. 補給單位表面有組織體系而實際並無有效行動，大陸幾次較大戰役，均受後勤支援不力之影響而使戰局動搖或致失敗。
2. 各階層指揮官因授權不明，功過不分，遂影響指揮官呆滯於制度服從，而忽略養成於隨時視情況有獨立作戰之精神。

3. 各部隊自我主義過份濃厚，影響於合作之精神（大陸期間幾次大戰役都因為平時有成見，戰時不合作不互相支援，最後遂被各個擊破）。

戡亂作戰之經驗與教訓

古語云：失敗乃成功之母，我們沒有挫折，台灣那裡會有今日之蓬勃安定氣象，過去的已成過去，過去的失敗成為我們今後做人做事的金石良言，台灣是我們大家反攻復國報仇雪恥的根據地，我們還肩負著只准成功不准失敗的反攻復國大任，我們更應該珍惜這寶貴再無下次的未來，大家站著個人的崗位，真誠的為國家犧牲為政府合作，為領袖而死，負起這個大責任建設新的中國，方不辜負多年作戰所獲得血的教訓和血的經驗。

改進意見與建議

國家是我們的，沒有國家就等於沒有家，國家的興亡大家都有責任。我認為一個國家的興亡必有其主要因素所在，假如要一個國家強盛起來，大家必需做到下列各點，也就是個人的意見和建議。

一、建立健全人事制度——確立了健全的人事制度以後，決不可因個人關係而予破壞或使朝令夕改喪失制度尊嚴，而使考核困難或無所遵循，我們必須為國家制度而支持，毋使國家人事趨於煩亂。

二、確立軍事指揮權責——使各階層指揮官有明確職責，不致產生有事無人敢負責之現象。

三、重視檢討得失，嚴格評論功過。

不論任何戰役或業務推行，在進行中或告終了時，均應做得失檢討，以作爾後改進之依據或參考，對功過人員必須嚴格評論，務使作戰或工作人員均無濫奬枉罰之現象發生，在勞逸公平賞罰分明之下，士氣必然提高，戰志必可旺盛，此為不可忽視而急待解決之問題也。

● 史復新

作戰時級職：空軍第十一大隊第四十一中隊
上尉副中隊長
撰寫時級職：空軍指揮參謀學校中校教官

作戰地區：陝西省延安

作債起訖日期：36 年 3 月 13 日至 23 日

延安戰役

一、概述

時值民國三十六年三月初，北國的天氣正當春暖花開的時候，馬歇爾調停計劃已經失敗，政治協商變成沒有靈魂的軀殼，共產匪徒利用這些和談組織為掩護，到處打劫、破壞、偷襲、搗亂，使抗戰勝利後的全國民不聊生，交通斷絕，社會混亂，經濟崩潰，因而政府已忍無可忍，更不能坐視國家命運覆滅，所以毅然決然發動了對共匪老巢延安的綏剿攻擊，以挽救國家之為運。當時空軍參予戰役的部隊，有空軍第一、第八轟炸大隊，第三、第五、第十一戰鬥大隊，第十空運大隊，中國空軍幾乎全部參戰，而以上部隊均由空軍副總司令王叔銘將軍親自指揮，指揮部則設於西安。

二、作戰前之狀況

由於共匪的挑播離間，製造糾紛，蠱惑群眾，國內局勢已進入是非混淆不清狀態，雖共匪作戰兵力有限，但能巧妙利用群眾心理滲透工作，因而掀起全國普遍之不安，政治混亂，民眾厭戰，而使共匪力量壯大，處於有利態勢，並以其貫用之游擊戰術，不斷襲擊政府軍隊。相反的，國軍為了「戰」、「和」命令不一，而使部屬無所適從，士氣低落萬丈，同時更為了抗戰勝利心理作祟與貪污風熾盛關係，以致內部腐化，士無鬥志，不能使優勢之力量獲得決定性的勝利，此實為最痛惜之事也，亦為我大陸失敗之主要原因也。

三、我軍作戰指導

空軍之部署，空軍第一大隊駐於漢口，而其中一個中隊駐於西安；空軍第八大隊駐於上海；空軍第三大隊駐於徐州；而空軍第五大隊由南京進駐於運城；空軍第十大隊駐南京；空軍第十一大隊駐西安。則統一指揮所即設於該地，與西北戰區綏靖公署胡宗南軍隊協同作戰。預定作戰計劃於發動攻勢後七日內收復延安，余為下層幹部，對於作戰計劃詳細步驟尚無從獲知，但僅以當時之態勢觀察之。

四、作戰經過

民國三十六年三月十三日開始發動攻擊，拂曉至終昏，我空軍各式飛機大舉空襲延安，疲勞轟炸，使匪黨老巢終日不能解除警報，以癱瘓其各種能力與阻遏對外之指揮與宣傳。繼而我軍每日對延安外圍之交通幹線均加以週密之偵察，與不時之攻擊，監視敵之動態及斷絕其增援。但我地面部隊之進展，則不如理想，可能係對敵情缺乏正確認識與判斷，因此常遭匪之側擊和偷襲，因而進攻遲緩，士氣不振，致空陸協同作戰不能互相配合，更不能於預期作戰計劃終達到作戰的目標，我軍則於三月二十三日克復延安，故匪黨始獲充裕之時間而撤退。

五、戰鬥後狀況

我軍進入延安後，匪軍早已後撤轉入游擊戰，匪老巢的黨政人員也早已撤退完畢，所獲得的戰果只是些廢墟破窯，不過在政治作用上卻獲得了相當高的聲價。由於我空軍於作戰期間係佔絕對優勢，所以對於空中遭遇攻擊之可能性，幾乎等於零，不過遭受地面射擊，而是經常不斷的發生。我機時常被地面火力擊中而返航，但即刻為地勤人員修復後而再出擊，仍不影響我軍之攻擊與戰力。由此可十足表現我空軍奮發犧牲，合作無間之精神，這是難能可貴之處。

六、檢討

延安戰役是經過了十天的白熱戰鬥而結束，匪軍的戰法是防禦兼游擊戰，所以我地面部隊除了正面攻擊作戰外，而必須謹防左右前後的偷襲，因之影響作戰的進展和心理的不安，致而不能預期達到作戰目標。其次，匪軍情報封鎖嚴密，民運工作澈底，所以我軍在攻擊前後，對匪軍確實情報資料甚難獲得，即俘獲匪軍民人等亦緘口不言，甚而誘國軍於歧途，可見匪黨平時對民眾之訓練與控制之手段也。反觀我軍之優點，我軍裝備齊全，兵力壯大，更有空軍協同作戰，此優點也。但缺點精神武器缺乏培育，思想欠堅定，因而失去了正確作戰之觀念，臨陣畏懼不前，此缺點一；其次，於戰鬥時對戰果所報不實，多有誇大其詞，致影響高級階層對兵力之運用與指揮，此缺點二；當時國軍對延安之戰實為空陸聯合作戰，不過在作戰過程中，各軍種各有其指揮系統，以致缺乏協同作戰之週密計劃與統一指揮機構，而使空陸兩軍戰力不能相互配合密切合作，發揮聯合作戰之功效，此缺點三；最後國軍對於戰役之得失檢討而不重視，亦因而對今後之作戰無所改進，使國軍之戰術思想永久遲滯不前，戰法陳舊，其影響實莫大焉，此為缺點四。

茲將改進意見與建議陳述於後：

一、加強精神訓練、心理作戰，須軍民並重，不可忽視其一。

二、組織第一，情報為先，於未來作戰中應如何使情報組織達成領導作戰之使命，必須依裝備及戰術之不斷進步而特加研究改進。

三、設置聯合作戰計劃機構，培育三軍聯合作戰之正確觀念，與各種處理程序之熟練，使三軍部隊在不斷演練中獲得聯合作戰之經驗，而建立實戰之良好基礎。

四、建立戰後得失檢討制度，凡今後無論大小戰役，亦不論指揮階層高低，均應有戰後檢討會議，由而獲取寶貴資料，而作未來之改進藍本。

● 艾學芝

作戰時級職：空軍第十一大隊第四十一中隊
少校分隊長
撰寫時級職：空軍第三基地勤務大隊飛行管制中隊
中校一級中隊長

作戰地區：延安

作戰起訖日期：37 年 3 月 13 日至 17 日

延安戰役

一、前言

江西瑞金原係共匪老巢，當時屢受我軍圍剿，尤其第五次大規模的封鎖，使得牠面臨絕境，孤注一擲，於九死一生中針對一角突圍逃竄，經湘、桂、滇、川等省潛入陝北，這就是共匪自豪的二萬五仟里長征，正在這奄奄一息生命垂危的時候，忽抗日軍興給予喘息再生之機。殘暴成性，當國軍對日作戰之時，便暗中重整旗鼓，積極從事於邊區政府的經營，發展其野心，使延安成為罪惡的淵藪，殘暴的魔窟，變成了發動內亂的策源地，侵害國家的策劃中心。自抗戰勝利後，為安定人民的生活，國家的統一，寬大為懷，委曲求全與之協商，然終歸無效，更擴張勢力顛覆政府，認賊作父，出賣國家民族。我政府迫不得已，忍一時之痛，再興討伐之師，陸空協同，直倒黃龍，勢如破竹，僅五日即下延安，茲將作戰情況就余所知者略述如次。

1. 會戰日期：三十七年三月十三日至三月十七日，共計五天。

2. 會戰前後匪我態勢圖（附圖二份）〔缺〕

3. 使用兵力：

（1）空軍第四十一中隊 P-47 戰鬥轟炸機

（2）空軍第四十三中隊 P-47 戰鬥轟炸機

（3）空軍第四十四中隊 P-40 戰鬥轟炸機

余當時屬四十一中隊（任分隊長之職），此役空軍部隊參加者甚多，但兵力情形不詳。上述三中隊皆駐防西安，使用西安機場。

（4）協同部隊：西安綏署所轄各地面部隊。

（5）出動架數：P-47 機九十架次，P-40 機四十四架次。

（6）本大隊戰果：傷亡匪軍一二一三〇員、馬匹八二九匹、卡車六輛、馬車六十輛、房屋七七棟、機槍陣地等。

（7）油彈消耗：汽油七三四二二二加侖，100 磅炸彈、殺傷彈、燃燒彈共計二二四枚，P-47 ■■■投子彈七二三五〇〇發。

（8）損失：人員傷亡無，戰機八架中彈，但均飛返基地安全降落。

二、作戰經過

此次作戰，因計劃週詳，士氣旺盛，匪巢延安所有重要設施均編排號碼，由空軍於 D 日開始全力出動作全面轟炸，並於沿途進攻線上之防禦工事徹底摧毀。余於此役中，均擔任直協任務，為地面部隊開路，協力進攻，於大小勞山及甘泉等處，友軍曾遭遇強烈抵抗，但僅係掩護延安撤退性質，純係守勢作戰，經我空軍猛烈炸射，四處逃避，無抵禦可言。余等出動各機均超低空搜索，以期有所發現，但匪軍多採取化整為零之行動以欺騙我軍，雖然如是奸詐，仍逃不過無情炸射，余每次出擊時，均飛臨地面友軍進攻路線上空，予匪重創並行向前進，尤其地面部隊抵達延水河邊時，鋪出「↑」符號，攻擊部隊軍沿岸蓆地而坐，呈休息狀態，余即低飛延水北岸，於延安城內外環飛十餘圈，細密觀察，毫無敵蹤死城一座，遂飛返我軍休息處擺翼向北飛去，如是者數次，地面友軍及時領悟余意，踏過延水安全進入延安。這便是震驚國際，克復延安的最初風景，目止延安重歸光明，所可惜者，未予匪軍主力重創，遺憾！

三、心得

（一）匪在劣勢情況下避■■■■■，化整為零以保全實力。

（二）兵不厭詐，經常以聲東擊西■■■■■我兵力，使我無法將其消滅於預定之戰場。

（三）對我空軍偽裝或隱避亦無不盡其週密，白晝隱藏於窯洞或分散於田野，巧於利用地形，故我空軍兵力不能發揮最大效果。

（四）保防工作嚴密，地面友軍無法偵知其行動供空軍參考，增加炸射之困難。

（五）地面友軍不能利用飛機臨空助戰之時機，往往按時飛臨預定攻擊目標上空，未見地面部隊出擊。

（六）地面電台因地勢關係，撥運困難，不能適時運用，影響陸空聯絡甚鉅。

四、對策

（一）圍攻主力不能讓其脫逃。

（二）派員深入匪後探取軍事行動之真實情報。

（三）匪軍駐地附近之農舍■■立作探試查驗。

（四）加強陸空協同作戰之演習。

（五）加強空陸通信■■，以增■■陸空連繫。

五、結論

〔紙張損壞，無法判讀〕

● 韓文虎

作戰時級職：空軍第十一大隊第四十三中隊
上尉一級中隊長

撰寫時級職：空軍軍官學校教育處上校三級副處長

作戰地區：太原

作戰起訖日期：35 年 7 月至 8 月

太原外圍之炸射

（一）概述

原率 P40N 駐防鄭州，十一大隊屬三軍區司令部指揮，於卅五年七月奉令率僚機一架，調駐太原，歸閻司令長官指揮。

（二）作戰前之狀況

太原附近我之地面部隊不時遭受匪軍之襲擊，且其行動鬼祟，閻司令長官要求派機前往協助清剿。

（三）我軍作戰指導

當時無作戰指揮機構之設置，亦無一定的作戰計劃可遵循，長官部派參謀長一員，隨同在機場工作，亦即發號施令之唯一人員，任務後之詢問，亦由渠負責。

（四）作戰經過

自一部匪軍竄抵煙村、流江、河習等村落後（距太原十分鐘航程）未與我地面部隊接觸，即由我駐防之 P40N 機兩架，輪流不斷予以炸射，並冒惡劣之天氣出動，匪兵皆躲藏於房屋內，傷亡不詳，經不住我之更番炸射而撤離。

（五）檢討

對空軍存倚賴心理，地面部隊未能配合出動，故未能達到悉數殲滅之效果。

● 韓文虎

作戰時級職：空軍第十一大隊第四十三中隊
上尉一級中隊長
撰寫時級職：空軍軍官學校教育處上校三級副處長

作戰地區：魯南

作戰起訖日期：35 年 9 月至 36 年 2 月

魯南之偵炸

（一）概述

於卅五年十月底率 P-47 八架駐新鄉，每日經常對魯南一帶作偵炸飛行，當時雖隸屬三軍區司令部，但新鄉尚無前進指揮所之設置，作戰行動仍由部隊長直接指揮，所得戰果則於每日夜間以長途電話報司令部。

（二）作戰前之狀況

魯南一帶共匪經常流竄，我地面部隊曾被困於荷澤及東明縣城，處於欲攻不能、欲退不得之境地，除每日以空運機投糧外，並由戰鬥機作經常之巡視，遇有發現即予以攻擊。我附近之地面部隊亦無前往解圍之命令，更無大規模隊共匪有攻擊行動之計劃。

（三）我軍作戰指導

我地面部隊無積極行動之命令，故我機亦只有做廣泛之偵炸行動，一有發現即予攻擊，或根據我地面部隊所供給之情報，前往尋找目標。

（四）作戰經過

除經常對東阿及黃泛區之偵炸外，並掩護我空運機對荷澤及東明之空投。

（五）檢討

1. 地面部隊無大規模出擊之行動，皆以守勢等待匪軍之來攻擊，此時則要求空軍援助。
2. 此時空軍等於地面部隊之耳目，除經常自動出擊外，並供給地面部隊之情報。

● 韓文虎

作戰時級職：空軍第十一大隊第四十三中隊
上尉一級中隊長
撰寫時級職：空軍軍官學校教育處上校三級副處長

作戰地區：延安

作戰起訖日期：36 年 3 月

克復延安之役

（一）概述

原駐防新鄉，於卅六年三月上旬調返西安隊部，與其他各中隊分別擔負協同胡長官部隊對延安之進攻。

（二）作戰前之狀況

胡長官之部隊（兵力不詳）早已分別祕密向延安推進，空軍各部隊之飛機亦已陸續由各地調集西安待命。

（三）我軍作戰指導

我地面部隊按計劃積極推進，我空軍任務則分別予以劃分，按機種任務及炸射區域之不同，分別分批以不同之高度，予以不斷之轟擊，並對地面部隊作密切之支援與通信連絡。

（四）作戰經過

自拂曉至黃昏，作不間斷之出擊，並冒著沙陣前往，每批都能按著規定的區域和目標攻擊，此次戰役相當成功，除了起飛時因飛機故障損壞兩機，餘皆安全達成任務。

（五）檢討

1. 事前計劃之周密，任務區域之劃分清楚，各任務機皆能按規定達成任務，等於彈無虛發。
2. 陸空連絡密切而良好，彼此之行動亦明瞭，絕無誤擊之事件。
3. 此次作戰之成功實有賴陸空之密切配合行動。

● 韓文虎

作戰時級職：空軍第十一大隊第四十三中隊
上尉一級中隊長
撰寫時級職：空軍軍官學校教育處上校三級副處長

作戰地區：豫東

作戰起訖日期：36 年 4 月

豫東之偵炸

（一）概述

原駐防新鄉，黃昏前則飛赴開封疏散，當時屬第三軍區司令部，新鄉設有前進指揮所，主要任務仍為對豫東及黃泛區匪軍之偵炸。

（二）作戰前之狀況

此區域沒有較大的作戰行動，我地面部隊亦沒有主動的出擊，我空軍飛機則經常的出巡。

（三）我軍作戰指導

我空軍之作戰指導，除了經常偵察匪軍之行動外，並對發現之目標予以攻擊，故每次偵察巡邏皆攜帶彈藥執行任務。

（四）作戰經過

偵察任務之實施，著重於黃昏及拂晨，或利用惡劣之天氣，因為如此可捕捉較為有價值之情報。

（五）檢討

1. 我地面部隊無攻擊行動，匪軍之動態常要求我飛機前往搜索。
2. 匪軍躲避我機之偵察已較前進步，行進間則利用附近地形地物躲藏，於壕內在我機突進時則躲藏，脫離時則舉槍行射擊。
3. 行進間若無地形地物可利用時，聞我機聲，即集合成一草堆，若我機發現突進時，則立即散開化整為零，使你無法覓一良好目標射擊。

● 矯捷

作戰時級職：空軍第十一大隊第四十三中隊少校中隊長

撰寫時級職：空軍第五聯隊上校政治部主任

作戰地區：陝北

作戰起訖日期：36 年

參加蘇北暨陝北戡亂心得報告

抗戰勝利，空軍第五大隊奉命進駐南京，斯時我正任該大隊第十七中隊副中隊長職務，於三十五年共匪在蘇北一帶蠢動，並擴大變亂，遍及江北。那時第五大隊，屬空軍第四軍區，更因駐地首都，也直接受空軍總司令部指揮作戰，擔負空中支援友軍及阻絕戰場任務，日日均有出動，使用機種為 P-51 野馬戰鬥轟炸機，經常加掛殺傷及破壞炸彈去摧毀匪陣及其交通線。旋於三十六年春，奉命調空軍第十一大隊第四十三中隊任中隊長職務，該時正值陝北戰役，共匪撤退延安，未幾匪以殘於兵力盤踞晉西，發展武力，乘機攻佔城地，我們使用 P-47 閃電戰鬥轟炸機，在空軍第三軍區司令指揮之下，執行擊殺匪軍任務，並經奉派在開封、鄭州等地轉戰各處，三十八年撤至台灣屏東。在這長期作戰中，因為我空軍握有絕對空中優勢之制空權，所服行之各種任務，一向是所向無敵，雖有時飛機為匪地面火力傷害，但一般戰鬥員均士氣高昂，視若無覩，保持著恆定的戰鬥意志和工作情緒，此實為難能可貴之史實。

由於縱橫戰場觀察所得，我們陸空軍之實力來說，掃蕩叛亂的匪徒，當屬於探囊取物之事，惜乎地面部隊總是遲滯難前，進一步退二步，使戰局日趨頽勢，坐令大陸變色。今天在台灣寫實年前戡亂心得，想起那時在空中觀察所見，匪徒之陣地中或陣地後頗難發現有大批人員蝟集一處，而我軍則多係成千成萬，集聚於路上或在廣場中，進與退之方式，如出一轍。間有發現我軍在陣地者，多係進慢退快，此種陣地情景，尤歷歷如在眼前，戰略戰術之觀點與價值何在？尤於職司不同，見識亦必隨之寡陋，但以戰場心理狀態分析，根據個人所見，條陳如後。

一、恃眾之勇，乃為怯懦之表彰，軍隊在陣前過度的集結，失去了置之死地而後生的奮勉精神。

二、戰力之產生，固然是由於群策群力，但能一集一散，靈活運用，尤其在分散中更能協力奔向同一目標，且能互有支助，方能收到統合戰力而打擊敵人。

三、古今中外，戰勝之道在乎指揮運用靈活，而諸種通信手段又為達成指揮用之良途，因此練軍必須講求在極度分散之戰場上，也能協調連繫如體之與四肢般的活動，有此能力之軍對方能戰勝於陣前。

根據上列三款推理，我軍在大陸之失敗，可能有此原因存在，指揮為求指揮自如而把軍隊控制在一起，這不僅造成了戰士相依為命的畏怯心理，且無形中使通信能力廢弛，也停止了研究發展的機能，更是使戰士減低了單獨作戰的勇氣和能力。

今後練軍應本克難之精神，在軍事思想上，軍略戰術要求下，本研究發展之觀令，講求機能，配合體制，也就是能做到部隊在需要中，高度分散獨立服行任務狀況下，指揮官尚能靈活的控制與指揮，此當有待於科學的運用及技術的不斷的研究發展，方克為功。

● 梁銕佑

作戰時級職：空軍第十一大隊第四十三中隊
少校中隊長
撰寫時級職：空軍部隊訓練班飛行中校一級副主任

作戰地區：福建省廈門

作戰起訖日期：43 年 9 月 7 日至 9 日

攻擊廈門匪軍之役

經過概述

我空軍當局為求摧毀金門當面匪共砲兵陣地及重要軍事設備，以解除對我之威脅，曾於四十三年九月七日起大舉轟炸掃射金門當面廈門蓮河至白石砲台等匪之重要砲兵及軍事陣地，曾予敵重大損傷。

一、匪軍軍事作戰方面

甲、戰術戰法

匪共作戰初期因地域廣大，武器窳劣，作戰人員素質甚差，若與我訓練有素之國軍當面作戰必遭受重大損失，故為求壯大其作亂之力量，其作戰方法儘量採取迴避與國軍正面決戰方式，而實施以大吃小，集中力量，攻擊國軍為主要戰法，亦即匪偽誇大宣傳之化整為零，或化零為整之戰術。

乙、戰鬥特質

以匪共在大陸當時作戰及參加韓戰情形觀之，匪共在戰鬥中常以殘暴壓力與控制方法，驅使善良民眾作為第一線之衝鋒隊，常使無知民眾於洶湧衝鋒中死傷枕藉，此亦為匪共依靠廣大民眾，創造其所謂「人海戰術」。

二、匪軍政治作戰方法

甲、匪軍組織戰

匪之正規軍組織姑暫不談，而匪對廣大民眾之組與控制，所以能收良好效果者，實有其具備之殘暴及欺壓條件，而使良民敢怒而不敢抗，願赴驅使，擔負戰場之一切工作。

乙、匪軍心理作戰

匪為一毫無信譽在國際間亦無地位之偽組織者，故製造謠言或歪曲事實，並不妨礙其侵略企圖，但我意志不堅與國際間一般無分析能力人員，常受矇騙，心理甚受影響，故匪於發動戰爭前或使其部屬之士氣提高，對心理研究問題極為重視。

丙、宣傳手段

匪偽既為一無信譽與地位之組織，故對宣傳手段均不惜選擇任何手段的，凡對我不利之宣傳，不論有無事實，均可假以偽造歪曲事實，對其本身常常自誇自大，製造虛偽結果，總而言之，匪對心理與宣傳問題極為重視。

匪我優劣點之比較

一、匪共優點

甲、軍事方面

負責作戰指揮人員對戰法戰術之研究甚有心得，故在實戰時兵法運用甚為得宜，個人天才均能盡量發揮，遂有化整為零、化零為整等戰法之發現，此法實為偷襲孫子兵法者，並無獨特奇異之處。

乙、後勤方面

（1）人員補充：可利用殘暴方法壓迫與控制人民，以廣大民眾作為兵源補充。

（2）後勤補給：食糧取之於民，武器取之於前線，匪軍並無統一體制，故不論食糧及武器型別及補給來源可不顧及，只求打勝仗，不談紀律，不談制式，食糧若不取於民則挨餓，武器補給不取於前線則會打敗仗，受此嚴重限制，人人為求生存，則非捨生拼命就無生路可圖，故匪軍之後勤支援方面料想不會感到困難。

二、國軍優點

甲、軍事方面

1. 軍事人員對戰術戰法普遍研究。
2. 紀律嚴明有良好服從性。
3. 作戰人員素質高。
4. 軍事機關及部隊均有統一編制與體系，易於掌握。
5. 武器有統一之型別，易於補給。

乙、政治方面

1. 軍事人員對主義國家領袖責任榮譽有深刻認識，故士氣旺盛。

丙、後勤方面

1. 人員補充：作戰人員之補充可以徵募得之。

2. 後勤補給：有統一之後勤補給單位專司補給之責。

三、匪軍缺點

甲、軍事方面

1. 軍事作戰人員對戰術戰法研究未能普及最低階層。
2. 作戰人員出身農村及勞工較多，大陸時代之教育未能普及於農村，故作戰人員素質低。
3. 匪欲達到顛覆政府禍國企圖，故對部屬極度放縱，形成軍紀廢弛軍隊，毫無紀律可言，到處作下甚多禍國殃民舉動。

乙、政治方面

匪軍幹部及部分低級幹部因來之於被強迫，均對其匪共集團統治者有懷疑及痛恨之心，疑者是否將中國變相出賣給俄國，痛恨者痛恨共產主義領導者使中國走上滅亡之路，故士氣非常低落，厭戰情緒為普遍現象。

丙、後勤方面

匪軍之補給食糧既取之於民，軍火補給取之於前線，此一流動化而無統一體系之補給組織，實對匪之補給業務影響至鉅。

四、國軍缺點

甲、軍事方面

1. 作戰指導負責人員對戰術戰法常有研究而缺乏靈活運用之機動作戰技能。
2. 國軍為一正規編制有組織有體系代表國家之軍隊，如對權責不予分層授給，對每次戰役不作檢討得失、評論功過，則權責功過不分明使負責者均不敢認真負責，最後必影響於作戰而遭受意外損失。

3. 搜索及警戒不嚴密常受奇襲。
4. 匪之情報以殘暴強迫人民而得，我以感化爭取人民自動供給，情報之獲得往往為虛偽或無價值者。
5. 匪善夜行軍，我缺乏夜行軍及夜戰之訓練。
6. 國軍之部署多顧正面，少顧側面。
7. 國軍對戰車之使用，各單位均力爭配置，而致兵力不能集中運用，而被分隔且使用過久，車輛無法保養。

乙、政治方面

大陸時代政治教育只限於軍人，不能普及於各階層人員，使大家都對主義領袖國家責任榮譽有深刻認識，換言之，政治教育工作做得不夠澈底。

丙、後勤方面

1. 補給單位表面有組織體系而實際並無有效行動，大陸幾次較大戰役，均受後勤支援不力之影響而使戰局動搖或致失敗。
2. 各階層指揮官因授權不明，功過不分，遂影響指揮官呆滯於制度服從，而忽略養成於隨時視情況有獨立作戰之精神。
3. 各部隊自我主義過份濃厚，影響於合作之精神（大陸期間幾次大戰役都因為平時有成見，戰時不合作不互相支援，最後遂被各個擊破）。

戡亂作戰之經驗與教訓

古語云：失敗乃成功之母，我們沒有挫折，台灣那裡會有今日之蓬勃安定氣象，過去的已成過去，過去的失敗成為我們今後做人做事的金石良言，台灣是我們大家反攻復國報仇雪恥的根據地，我們還肩負著只准成功不准失敗的反攻復國大任，我們更應該珍惜這寶貴再無下次的未來，大家站著個人的崗位，真誠的為國家犧牲為政府合作，為領袖而死，負起這個大責任建設新的中國，方不辜負多年作戰所獲得血的教訓和血的經驗。

改進意見與建議

國家是我們的，沒有國家就等於沒有家，國家的興亡大家都有責任。我認為一個國家的興亡必有其主要因素所在，假如要一個國家強盛起來，大家必需做到下列各點，也就是個人的意見和建議。

一、建立健全人事制度

確立了健全的人事制度以後，決不可因個人關係而予破壞或使朝令夕改喪失制度尊嚴，而使考核困難或無所遵循，我們必須為國家制度而支持，毋使國家人事趨於煩亂。

二、確立軍事指揮權責

使各階層指揮官有明確職責，不致產生有事無人敢負責之現象。

三、重視檢討得失，嚴格評論功過。

不論任何戰役或業務推行，在進行中或告終了時，均應做得失檢討，以作爾後改進之依據或參考，對功過人員必須嚴格評論，務使作戰或工作人員均無濫獎枉罰之現象發生，在勞逸公平賞罰分明之下，士氣必然提高，戰志必可旺盛，此為不可忽視而急待解決之問題也。

● 梁銑佑

作戰時級職：空軍第十一大隊第四十三中隊
上尉副中隊長

撰寫時級職：空軍部隊訓練班飛行中校一級副主任

作戰地區：福建省東山島

作戰起訖日期：42年9月16日至9月18日

東山島戰役

經過概述

國軍為考驗作戰潛在能力與捕捉部分匪軍及匪假工作人員，圖獲寶貴情報，乃於四十二年七月十六至十八日，發動登陸東山島之戰，雖然陸海空協同作戰中尚有許多問題，極待改善，惟此次登陸戰中，獲益者益復不少。

一、匪軍軍事作戰方面

甲、戰術戰法

匪共作戰初期因地域廣大，武器窳劣，作戰人員素質甚差，若與我訓練有素之國軍當面作戰必遭受重大損失，故為求壯大其作亂之力量，其作戰方法，儘量採取迴避與國軍正面決戰方式，而實施以大吃小，集中力量，攻擊國軍為主要戰法，亦即匪偽誇大宣傳之化整為零，或化零為整之戰術。

乙、戰鬥特質

以匪共在大陸當時作戰及參加韓戰情形觀之，匪共在戰鬥中常以殘暴壓力與控制方法，驅使善良民眾作為第一線之衝鋒隊，常使無知民眾於洶湧衝鋒中死傷枕藉，此亦為匪共依靠廣大民眾，創造其所謂「人海戰術」。

二、匪軍政治作戰方法

甲、匪軍組織戰

匪之正規軍組織姑暫不談，而匪對廣大民眾之組與控制，所以能收良好效果者，實有其具備之殘暴及欺壓條件，而使良民敢怒而不敢抗，願赴驅使，擔負戰場之一切工作。

乙、匪軍心理作戰

匪為一毫無信譽在國際間亦無地位之偽組織者，故製造謠言或歪曲事實，並不妨礙其侵略企圖，但我意志不堅與國際間一般無分析能力人員，常受矇騙，心理甚受影響，故匪於發動戰爭前或使其部屬之士氣提高，對心理研究問題極為重視。

丙、宣傳手段

匪偽既為一無信譽與地位之組織，故對宣傳手段均不惜選擇任何手段的，凡對我不利之宣傳，不論有無事實，均可假以偽造歪曲事實，對其本身常常自誇自大，製造虛偽結果，總而言之，匪對心理與宣傳問題極為重視。

匪我優劣點之比較

一、匪共優點

甲、軍事方面

負責作戰指揮人員對戰法戰術之研究甚有心得，故在實戰時兵法運用甚為得宜，個人天才均能盡量發揮，遂有化整為零、化零為整等戰法之發現，此法實為偷襲孫子兵法者，並無獨特奇異之處。

乙、後勤方面

（1）人員補充：可利用殘暴方法壓迫與控制人民，以廣大民眾作為兵源補充。

（2）後勤補給：食糧取之於民，武器取之於前線，匪軍並無統一體制，故不論食糧及武器型別及補給來源可不顧及，只求打勝仗，不談紀律，不談制式，食糧若不取於民則挨餓，武器補給不取於前線則會打敗仗，受此嚴重限制，人人為求生存，則非捨生拼命就無生路可圖，故匪軍之後勤支援方面料想不會感到困難。

二、國軍優點

甲、軍事方面

1. 軍事人員對戰術戰法普遍研究。

2. 紀律嚴明有良好服從性。

3. 作戰人員素質高。

4. 軍事機關及部隊均有統一編制與體系，易於掌握。

5. 武器有統一之型別，易於補給。

乙、政治方面

軍事人員對主義領袖國家責任榮譽有深刻認識，故士氣旺盛。

丙、後勤方面

1. 人員補充：作戰人員之補充可以徵募得之。

2. 後勤補給：有統一之後勤補給單位專司補給之責。

三、匪軍缺點

甲、軍事方面

1. 軍事作戰人員對戰術戰法研究未能普及最低階層。
2. 作戰人員出身農村及勞工較多，大陸時代之教育未能普及於農村，故作戰人員素質低。
3. 匪欲達到顛覆政府禍國企圖，故對部屬極度放縱，形成軍紀廢弛軍隊，毫無紀律可言，到處作下甚多禍國殃民舉動。

乙、政治方面

匪軍幹部及部分低級幹部因來之於被強迫，均對其匪共集團統治者有懷疑及痛恨之心，疑者是否將中國變相出賣給俄國，痛恨者痛恨共產主義領導者使中國走上滅亡之路，故士氣非常低落，厭戰情緒為普遍現象。

丙、後勤方面

匪軍之補給食糧既取之於民，軍火補給取之於前線，此一流動化而無統一體系之補給組織，實對匪之補給業務影響至鉅。

四、國軍缺點

甲、軍事方面

1. 作戰指導負責人員對戰術戰法常有研究而缺乏靈活運用之機動作戰技能。
2. 國軍為一正規編制有組織有體系代表國家之軍隊，如對權責不予分層授給，對每次戰役不作檢討得失、評論功過，則權責功過不分明使負責者均不敢認真負責，最後必影響於作戰而遭受意外損失。
3. 搜索及警戒不嚴密常受奇襲。

4. 匪之情報以殘暴強迫人民而得，我以感化爭取人民自動供給，情報之獲得往往為虛偽或無價值者。
5. 匪善夜行軍，我缺乏夜行軍及夜戰之訓練。
6. 國軍之部署多顧正面，少顧側面。
7. 國軍對戰車之使用，各單位均力爭配置，而致兵力不能集中運用，而被分隔且使用過久，車輛無法保養。

乙、政治方面

大陸時代政治教育只限於軍人，不能普及於各階層人員，使大家都對主義領袖國家責任榮譽有深刻認識，換言之，政治教育工作做得不夠澈底。

丙、後勤方面

1. 補給單位表面有組織體系而實際並無有效行動，大陸幾次較大戰役，均受後勤支援不力之影響而使戰局動搖或致失敗。
2. 各階層指揮官因授權不明，功過不分，遂影響指揮官呆滯於制度服從，而忽略養成於隨時視情況有獨立作戰之精神。
3. 各部隊自我主義過份濃厚，影響於合作之精神（大陸期間幾次大戰役都因為平時有成見，戰時不合作不互相支援，最後遂被各個擊破）。

戡亂作戰之經驗與教訓

古語云：失敗乃成功之母，我們沒有挫折，台灣那裡會有今日之蓬勃安定氣象，過去的已成過去，過去的失敗成為我們今後做人做事的金石良言，台灣是我們大家反攻復國報仇雪恥的根據地，我們還肩負著只准成功不准失敗的反攻復國大任，我們更應該珍惜這寶貴再無下次的未來，大家站著個人的崗位，真誠的為國家犧牲為政府合作，為領袖而死，負起這個大責任建設新的中國，方不辜負多年作戰所獲得血的教訓和血的經驗。

改進意見與建議

國家是我們的，沒有國家就等於沒有家，國家的興亡大家都有責任。我認為一個國家的興亡必有其主要因素所在，假如要一個國家強盛起來，大家必需做到下列各點，也就是個人的意見和建議。

一、建立健全人事制度

確立了健全的人事制度以後，決不可因個人關係而予破壞或使朝令夕改喪失制度尊嚴，而使考核困難或無所遵循，我們必須為國家制度而支持，毋使國家人事趨於煩亂。

二、確立軍事指揮權責

使各階層指揮官有明確職責，不致產生有事無人敢負責之現象。

三、重視檢討得失，嚴格評論功過。

不論任何戰役或業務推行，在進行中或告終了時，均應做得失檢討，以作爾後改進之依據或參考，對功過人員必須嚴格評論，務使作戰或工作人員均無濫獎枉罰之現象發生，在勞逸公平賞罰分明之下，士氣必然提高，戰志必可旺盛，此為不可忽視而急待解決之問題也。

● 梁銑佑

作戰時級職：空軍第十一大隊第四十三中隊
上尉中隊附
撰寫時級職：空軍部隊訓練班飛行中校一級副主任

作戰地區：河南省開封

作戰起訖日期：37 年 7 月 11 日至 14 日

豫東戰役

經過概述

卅七年七月上旬，匪首劉伯誠部流竄於河南、山東一帶，極為猖獗，國軍有見於此，曾以邱清泉部第五軍追剿，獲得戰果甚多，幾次將匪追至扶溝以東地帶及東明、臨濮集各渡口附近，匪即化整為零行蹤消失，使我追剿部隊無法發現，且友軍並未重視利用空軍偵察所獲情報，而以錯誤之方向疲於追趕，待敵喘息後再度集結向我攻擊時，我因疲乏之故失於警覺，迎戰於倉卒，不論戰術、戰法、後勤支援等均感慌亂無備，戰果惡劣，實可預料者。

一、匪軍軍事作戰方面

甲、戰術戰法

匪共作戰初期因地域廣大，武器窳劣，作戰人員素質甚差，若與我訓練有素之國軍當面作戰必遭受重大損失，故為求壯大其作亂之力量，其作戰方法，儘量採取迴避與國軍正面決戰方式，而實施以大吃小，集中力量，攻擊國軍為主要戰法，亦即匪偽誇大宣傳之化整為零，或化零為整之戰術。

乙、戰鬥特質

以匪共在大陸當時作戰及參加韓戰情形觀之，匪共在戰鬥中常以殘暴壓力與控制方法，驅使善良民眾作為第一線之衝鋒隊，常使無知民眾於洶湧衝鋒中死傷枕藉，此亦為匪共依靠廣大民眾，創造其所謂「人海戰術」。

二、匪軍政治作戰方法

甲、匪軍組織戰

匪之正規軍組織姑暫不談，而匪對廣大民眾之組與控制，所以能收良好效果者，實有其具備之殘暴及欺壓條件，而使良民敢怒而不敢抗，願赴驅使，擔負戰場之一切工作。

乙、匪軍心理作戰

匪為一毫無信譽在國際間亦無地位之偽組織者，故製造謠言或歪曲事實，並不妨礙其侵略企圖，但我意志不堅與國際間一般無分析能力人員，常受矇騙，心理甚受影響，故匪於發動戰爭前或使其部屬之士氣提高，對心理研究問題極為重視。

丙、宣傳手段

匪偽既為一無信譽與地位之組織，故對宣傳手段均不惜選擇任何手段的，凡對我不利之宣傳，不論有無事實，均可假以偽造歪曲事實，對其本身常常自誇自大，製造虛偽結果，總而言之，匪對心理與宣傳問題極為重視。

匪我優劣點之比較

一、匪共優點

甲、軍事方面

負責作戰指揮人員對戰法戰術之研究甚有心得，故在實戰時兵法運用甚為得宜，個人天才均能盡量發揮，遂有化整為零、化零為整等戰法之發現，此法實為偷襲孫子兵法者，並無獨特奇異之處。

乙、後勤方面

（1）人員補充：可利用殘暴方法壓迫與控制人民，以廣大民眾作為兵源補充。

（2）後勤補給：食糧取之於民，武器取之於前線，匪軍並無統一體制，故不論食糧及武器型別及補給來源可不顧及，只求打勝仗，不談紀律，不談制式，食糧若不取於民則挨餓，武器補給不取於前線則會打敗仗，受此嚴重限制，人人為求生存，則非捨生拼命就無生路可圖，故匪軍之後勤支援方面料想不會感到困難。

二、國軍優點

甲、軍事方面

1. 軍事人員對戰術戰法普遍研究。
2. 紀律嚴明有良好服從性。
3. 作戰人員素質高。
4. 軍事機關及部隊均有統一編制與體系，易於掌握。
5. 武器有統一之型別，易於補給。

乙、政治方面

1. 軍事人員對主義領袖國家責任榮譽有深刻認識，故士氣旺盛。

丙、後勤方面

1. 人員補充：作戰人員之補充可以徵募得之。
2. 後勤補給：有統一之後勤補給單位專司補給之責。

三、匪軍缺點

甲、軍事方面

1. 軍事作戰人員對戰術戰法研究未能普及最低階層。
2. 作戰人員出身農村及勞工較多，大陸時代之教育未能普及於農村，故作戰人員素質低。
3. 匪欲達到顛覆政府禍國企圖，故對部屬極度放縱，形成軍紀廢弛軍隊，毫無紀律可言，到處作下甚多禍國殃民舉動。

乙、政治方面

匪軍幹部及部分低級幹部因來之於被強迫，均對其匪共集團統治者有懷疑及痛恨之心，疑者是否將中國變相出賣給俄國，痛恨者之痛恨共產主義領導者使中國走上滅亡之路，故士氣非常低落，厭戰情緒為普遍現象。

丙、後勤方面

匪軍之補給食糧既取之於民，軍火補給取之於前線，此一流動化而無統一體系之補給組織，實對匪之補給業務影響至鉅。

四、國軍缺點

甲、軍事方面

1. 作戰指導負責人員對戰術戰法常有研究而缺乏靈活運用之機動作戰技能。
2. 國軍為一正規編制有組織有體系代表國家之軍隊，如對權責不予分層授給，對每次戰役不作檢討得失、評論功過，則權責功過不分明使負責者均不敢認真負責，最後必影響於作戰而遭受意外損失。
3. 搜索及警戒不嚴密常受奇襲。
4. 匪之情報以殘暴強迫人民而得，我以感化爭取人民自動供給，情報之獲得往往為虛偽或無價值者。
5. 匪善夜行軍，我缺乏夜行軍及夜戰之訓練。
6. 國軍之部署多顧正面，少顧側面。
7. 國軍對戰車之使用，各單位均力爭配置，而致兵力不能集中運用，而被分隔且使用過久，車輛無法保養。

乙、政治方面

大陸時代政治教育只限於軍人，不能普及於各階層人員，使大家都對主義領袖國家責任榮譽有深刻認識，換言之，政治教育工作做得不夠澈底。

丙、後勤方面

1. 補給單位表面有組織體系而實際並無有效行動，大陸幾次較大戰役，均受後勤支援不力之影響而使戰局動搖或致失敗。
2. 各階層指揮官因授權不明，功過不分，遂影響指揮官呆滯於制度服從，而忽略養成於隨時視情況有獨立作戰之精神。

3. 各部隊自我主義過份濃厚，影響於合作之精神（大陸期間幾次大戰役都因為平時有成見，戰時不合作不互相支援，最後遂被各個擊破）。

戡亂作戰之經驗與教訓

古語云：失敗乃成功之母，我們沒有挫折，台灣那裡會有今日之蓬勃安定氣象，過去的已成過去，過去的失敗成為我們今後做人做事的金石良言，台灣是我們大家反攻復國報仇雪恥的根據地，我們還肩負著只准成功不准失敗的反攻復國大任，我們更應該珍惜這寶貴再無下次的未來，大家站著個人的崗位，真誠的為國家犧牲為政府合作，為領袖而死，負起這個大責任建設新的中國，方不辜負多年作戰所獲得血的教訓和血的經驗。

改進意見與建議。

國家是我們的，沒有國家就等於沒有家，國家的興亡大家都有責任。我認為一個國家的興亡必有其主要因素所在，假如要一個國家強盛起來，大家必需做到下列各點，也就是個人的意見和建議。

一、建立健全人事制度

確立了健全的人事制度以後，決不可因個人關係而予破壞或使朝令夕改喪失制度尊嚴，而使考核困難或無所遵循，我們必須為國家制度而支持，毋使國家人事趨於煩亂。

二、確立軍事指揮權責

使各階層指揮官有明確職責，不致產生有事無人敢負責之現象。

三、重視檢討得失，嚴格評論功過。

不論任何戰役或業務推行，在進行中或告終了時，均應做得失檢討，以作爾後改進之依據或參考，對功過人員必須嚴格評論，務使作戰或工作人員均無濫獎枉罰之現象發生，在勞逸公平賞罰分明之下，士氣必然提高，戰志必可旺盛，此為不可忽視而急待解決之問題也。

● 張省三

作戰時級職：空軍第十一大隊第四十四中隊上尉中隊長
撰寫時級職：空軍第三聯隊政治部上校主任

剿匪心得報告

第一、經過概要

自民國三十五年，和談破裂以後，即行戡亂，先後曾參加豫東、豫北、延安、榆林、晉南、隴東、太原等戰役，因當時匪無空軍，故我空軍之任務，大多為支援陸軍之作戰，每次出擊後，關於出動之時間、出擊之架次、所獲之戰果，以及心得教訓等，均有戰鬥詳報呈報上級機關，今時間已久，詳細情形已無法追憶，僅將印象最深刻者，簡述於後，以供參考。

第二、經驗及教訓

一、關於匪方者

1. 奸匪因無空軍之掩護，故其機動攻擊，多在黃昏夜間，甚至不良天候之下實施，如此我空軍因天氣不良不能出擊，匪軍即可免除來自天空之威脅。且有時匪軍對我陸軍包圍後，如不能於短期間攻略知，即在包圍點之周圍挖掘坑道，白晝懼我空軍之攻擊，不敢大舉進犯，即利用坑道之匪軍，對我友軍監視，以免我軍之突圍。夜間則傾巢而出，蜂擁而上，以人海戰術對我友軍四面圍攻，非把我軍完全殲滅或投降，則不罷休。

2. 匪軍之對空偽裝，有其獨到之處，常利用當地之色彩及地物，實施嚴密而巧妙之偽裝，非有經驗之飛行人員，則無法識破其詭計，故我飛行人員於未來參加剿匪時，如發現可疑之徵候，即須以機槍對此可疑之徵候加以試射，往往於試射中使匪軍暴露其真形，藉此發現具有價值目標者，為數甚多。
3. 匪軍之疏散掩蔽，均有深刻之研究，對地形地物亦能作充分而有計畫之運用，諸如在壕溝內之匪軍，即利用壕溝沿壁挖掘單人防空洞，使我空軍無論由何方向攻擊，均不易命中其要害——假設南北向之壕溝，我空軍若由東向西攻擊，匪軍則躲於壕溝西側之防空洞，若由南北方向攻擊，亦無法使其命中；若以炸彈轟炸，必須地方將炸彈投於壕溝內，才能使少數匪軍受到損害，故戰鬥機若以機槍對此項匪之攻擊，最好將飛機分成兩組，同時對頭實施之，惟須特別注意自身互相衝撞之危險。次如匪軍在村莊或城市內，如遇我機臨空，即行分散緊靠牆壁或躲於堅固之建築物下，非至房屋倒塌或燃燒，決不亂動，故我軍未來剿匪，如確知匪軍躲避於某村莊，用汽油彈或爆炸燃燒彈，則可收效。
4. 匪對我低空攻擊之飛機，則利用高射武器及各式槍枝（如輕重機槍、步槍、手槍等）齊對空中射擊，將空中織成彈幕，因此我機被其擊落者，屢見不鮮，故對此種情況之攻擊，最好以重磅炸彈大高度實施。如為機會目標，且我機又未攜帶炸彈，為顧慮其消失，非以機槍低空攻擊不可時，須出其不意，超低空一次通過實施，如一次不能奏效，須實施第二次攻擊時，務必脫離匪之視界，且將時間間隔拉長，變換方向進入攻擊之，惟如此可保我機之安全。

二、關於我方者

1. 於過去大陸剿匪期間，空軍支援陸軍，雙方時間往往配合不當，每每我機臨空，友軍攻擊準備尚未完成，不能藉飛機攻擊之成果而迅速突破匪軍之陣線，且空軍又因油量關係，亦不允許作長時間之等待，在此種情況下，致機會錯過者甚多，未來反攻大陸，若我陸軍發動攻勢，需要空軍直接協力時，其攻擊時間必須確實把握，雙方密切協同，準時實施，方能收到良好戰果。

2. 大陸剿匪時代，因我飛機數量少，而友軍請求支援者多，於無法之下，只有分隔使用，故空軍無法集中兵力對匪軍之要害施以殲滅性之打擊，故未來之剿匪，〔以下缺頁〕

● 毋繩武

作戰時級職：空軍第十一大隊第四十四中隊
上尉副中隊長
撰寫時級職：空軍作戰司令部中校指揮管制官

作戰地區：陝西省延安

作戰起訖日期：36 年 9 月

延安戰役

（一）進剿部隊及匪軍

延安乃共匪老巢，為彭德懷匪部所盤踞，民卅六年九月上旬，我胡長官宗南所屬在空軍第十一大隊支援之下進剿。

（二）部署

一、匪軍主力扼守延安，並以野戰軍之一部砥阻於外圍。

二、我進剿大軍自西安出發直指延安。

（三）作戰經過

我軍推進至甘泉與憑險砥阻之匪軍相持，不待進剿軍右側迂迴戰完成，砥阻之匪軍即為我空軍第十一大隊聶振黃上尉以高處將殺傷彈擊中匪軍集結點，殺傷數百，餘匪潰散。大軍直取延安，空軍更以全力在劉國運地區司令之策劃下，開始了空軍有史以來首次有計劃的攻擊，這一行動，迫使匪軍北向逃離了延安，進剿大軍一面掃蕩一面追剿，由延安迄葭縣在長達一五〇公里的戰線中，終未能捕捉到若近若離之匪軍主力，進剿大軍正值徬徨無措之際，各補給相繼告急，相繼告失，大軍即缺乏給養又累於傷患，迫使分路撤退。東路撤退之大軍於岔口村被匪軍包圍，未及自西路撤退之主力部隊的救援，即失去了作戰能力而告瓦解，延安遂又陷匪手。

（四）檢討

自甘泉一戰之後，我大軍已為若繼若離之匪軍吸引著前進，為我所僅能控制者點線而已，匪軍確掌握著廣大面的牽制力，為防止面的侵擾，僅得到點線更須以重兵扼守，及至葭縣，生命之線已拉長到一五〇公里，而需要扼守的補給點更形增多，致使我第一線的戰鬥力漸次低落，古語說：「三分軍事，七分政治」，我軍由於缺乏政治力量的配合，不但失去了面的配合，為了生命與補給點的確保，竟而自己消耗了自己的大量戰力，是即匪軍採取吸引戰略之主因。及至葭縣，我軍失掉了匪軍之主力，亦即匪軍開始機動迂迴我各補給點之時，以大吃小的戰術，致使我各補給點先後失守，又復吸引著我軍後撤，疲予救援，在補給奇缺，傷亡日重，加之以面的不時之偷襲，我軍實已失掉了作戰的能力，故有岔口村之失，七分的政治力量大何如也。

民國史料 098

空軍戡亂回憶錄（三）
第五大隊、第六大隊、第八大隊、第十一大隊

Memoirs of Air Force during Suppression of the Communist Rebellion
- Section III
The 5th Group, the 6th Group, the 8th Group, and the 11th Group

編　　者　民國歷史文化學社編輯部
總 編 輯　陳新林、呂芳上
執行編輯　林弘毅
排　　版　溫心忻
助理編輯　詹鈞誌

出　　版　開源書局 出版有限公司
香港金鐘夏愨道 18 號海富中心
1 座 26 樓 06 室
TEL：+852-35860995

民國歷史文化學社 有限公司
10646 台北市大安區羅斯福路三段
37 號 7 樓之 1
TEL：+886-2-2369-6912
FAX：+886-2-2369-6990

http://www.rchcs.com.tw

初版一刷　2024 年 12 月 31 日
定　　價　新台幣 450 元
港　幣 150 元
美　元　20 元
I S B N　978-626-7543-55-9
印　　刷　長達印刷有限公司
台北市西園路二段 50 巷 4 弄 21 號
TEL：+886-2-2304-0488

國家圖書館出版品預行編目 (CIP) 資料
空軍戡亂回憶錄 . 三 , 第五大隊、第六大隊、第八大隊、第十一大隊 = Memoirs of air force during suppression of the communist rebellion. section III, the 5th group, the 6th group, the 8th group, and the 11th group / 民國歷史文化學社編輯部編 . -- 初版 . -- 臺北市 : 民國歷史文化學社有限公司 , 2024.12

面；　公分 . -- (民國史料 ; 98)

ISBN 978-626-7543-55-9　(平裝)

1.CST: 國共內戰　2.CST: 空軍　3.CST: 戰役

628.62　　113019743